RECETTES EXPRESS

Pâtes & Légumes

Sommaire

Recettes express avec pâtes 4

Recettes express avec légumes 64

Index des recettes 126

Recettes express avec pâtes

Spaghettis au pesto de cresson *(en bas)*

Pour 4 personnes

1 bouquet de cresson de fontaine
40 g de pignons de pin
50 g de parmesan
Poivre
8 c.s. d'huile d'olive
400 g de spaghettis, Sel

1. Laver et essuyer le cresson. Détacher les feuilles des tiges et les hacher très finement avec les pignons. Râper finement le parmesan. Mélanger la préparation de cresson avec du poivre et 30 g de parmesan râpé. Incorporer peu à peu l'huile dans le mélange jusqu'à ce que celui-ci s'épaississe.

2. Faire cuire les spaghettis selon les instructions figurant sur le paquet, puis les égoutter. En répartir une portion dans chaque assiette creuse, puis ajouter 1 c.s. de pesto sur chacune d'entre elles. Saupoudrer de parmesan selon les goûts et servir.

Temps de préparation : 30 minutes
Par portion : 659 kcal/2 755 kj
P : 21 g. L : 31 g, G : 69 g

Farfalles aux cèpes

(en haut)

Pour 4 personnes

400 g de farfalles
Sel
500 g de cèpes
4 noisettes de beurre
½ botte de ciboule
250 ml de crème liquide
200 ml de bouillon de légumes
Poivre

1. Faire cuire les farfalles *al dente* dans de l'eau salée bouillante.

2. Éplucher les cèpes, les frotter avec un chiffon humide et les couper en petits morceaux. Faire fondre le beurre et y faire revenir les cèpes. Éplucher les ciboules, les laver, les couper en rondelles, les ajouter et les faire cuire à petit feu pendant 2 minutes.

3. Verser la crème liquide et le bouillon de légumes et faire mijoter le tout pendant environ 10 minutes. Saler et poivrer. Égoutter les farfalles et les servir avec la sauce aux cèpes.

Temps de préparation : 15 minutes
(Temps de cuisson en sus)
Par portion : 600 kcal/2 512 kj
P : 18 g, L : 26 g; G : 72 g

2. Éplucher les échalotes et les hacher finement. Mélanger le vinaigre de framboise avec 5 à 6 c.s. de bouillon d'asperges, la moutarde, le zeste de citron et les fines herbes. Assaisonner avec du sel, du poivre et du sucre. Ajouter les échalotes et mélanger.

3. Couvrir la marinade pour qu'elle reste chaude. Entre temps, préparer les pâtes selon les instructions figurant sur le paquet. Mélanger les fils de safran avec l'huile et les incorporer dans les pâtes chaudes.

4. Présenter une portion de pâtes sur chaque assiette, y déposer les moitiés d'asperges et y verser quelques gouttes de marinade chaude. Servir immédiatement.

Temps de préparation : 30 minutes
Par portion : 546 kcal/2 296 kj
P : 17 g, L : 17 g, G : 60 g

6

Pâtes aux asperges

(en haut)

Pour 4 personnes

1,5 kg d'asperges vertes
1 l de fond de légumes
5 échalotes
5 c.s. de vinaigre de framboise
2 c.s. de moutarde douce
1 à 2 c.s. de zeste râpé de citron non traité
2 c.s. d' herbes finement hachées, par ex. persil, ciboulette, cerfeuil
Sel, Poivre
Sucre
300 g de pâtes larges
1 à 2 pincées de fils de safran
2 à 3 c.s. d'huile d'olive

1. Laver les asperges et en éplucher le tiers inférieur. Couper les extrémités qui sont dures. Faire chauffer le fond de légumes et y faire cuire les asperges à feu doux pendant environ 8 minutes.

Tortellinis au fromage avec antipasti *(à gauche)*

Pour 4 personnes

400 g de tortellinis verts frais farcis au fromage
Sel
250 g de tomates pelées en boîte
200 g d'antipasti confits (mélange)
200 g de fromage fort à pâte dure râpé
1 à 2 gouttes d'arôme d'amandes
Poivre
Sauge effeuillée
100 g d'amandes effilées
Flocons de beurre
Graisse pour le moule

1. Faire cuire les tortellinis selon les instructions figurant sur le paquet. Préchauffer le four à 200 °C (chaleur tournante 180 °C).

2. Tout en les tournant, faire chauffer les tomates avec le liquide, l'antipasti, le fromage et l'arôme d'amandes jusqu'à ce que le fromage commence légèrement à fondre. Assaisonner avec le sel, le poivre et la sauge.

3. Graisser un moule plat et allant au four et y répartir les tortellinis. Verser dessus la préparation de tomates, saupoudrer l'ensemble d'amandes effilées et répartir ensuite des flocons de beurre. Faire gratiner sur la glissière supérieure du four préchauffé pendant environ 5 à 6 minutes.

Temps de préparation : 25 minutes
Par portion : 841 kcal/3 533 kj
P : 28 g, L : 61 g, G : 20 g

Spaghettinis à la sauce au potiron

(en bas à gauche)

Pour 4 personnes

500 g de spaghettinis
400 g de potiron, 1 poivron rouge
20 g de graines de sésame
40 g de beurre
1 à 2 c.s. de poudre de curry (doux)
50 ml de bouillon de légumes
200 ml de crème liquide
1 c.s. de jus de citron
1 pincée de sucre
Sel, poivre
1 bouquet de persil plat

1. Préparer les pâtes selon les instructions figurant sur le paquet. Éplucher le potiron et émincer la chair avec une râpe. Couper le poivron en quatre, l'épépiner, le laver et le couper finement. Faire griller les graines de sésame dans une poêle sans graisse, puis les retirer.

2. Faire fondre le beurre dans une poêle, y faire revenir la poudre de curry et les dés de poivron. Ajouter le bouillon et la crème liquide, porter à ébullition, ajouter les lamelles de potiron et faire cuire à découvert pendant 3 minutes. Assaisonner avec du jus de citron, du sucre, du sel et du poivre.

3. Laver le persil, l'égoutter, le hacher grossièrement et l'incorporer avec le sésame.

Temps de préparation : 30 minutes
Par portion : 643 kcal/2 692 kj
P : 17 g, L : 29 g, G : 78 g

Conseil : pour la sauce, il faut privilégier la chair aromatique du potiron muscat ou celle au goût de noix du potiron d' Hokkaïdo fort apprécié. Ce dernier présente l'avantage de ne pas devoir être épluché.

Conchiglies avec sauce aux légumes

(en bas)

Pour 4 personnes

4 petites courgettes
2 petites aubergines
Sel, poivre
150 g de champignons de Paris
1 bouquet de persil, 1 gousse d'ail
3 à 4 c.s. d'huile d'olive
2 c.c. d'origan
500 g de conchiglies (coquilles)
Parmesan fraîchement râpé

1. Laver les courgettes et les aubergines, ôter l'extrémité des queues, puis couper les légumes en rondelles d'environ 0.5 cm d'épaisseur et les saupoudrer de sel.

2. Éplucher les champignons, les laver, les essuyer soigneusement avec du papier absorbant et les émincer. Essuyer également avec soin les aubergines et les courgettes à l'aide de papier absorbant.

3. Laver le persil, ôter les grosses tiges et hacher le reste finement. Éplucher la gousse d'ail, la hacher et l'écraser avec le côté large de la lame du couteau.

4. Faire chauffer l'huile d'olive dans une poêle, y faire saisir brièvement l'ail et le persil, puis ajouter les courgettes, les aubergines et les rondelles de champignons. Faire revenir le tout brièvement, puis assaisonner avec de l'origan, du sel et du poivre ; continuer ensuite à faire cuire lentement à feu doux tout en tournant.

5. Entre temps, faire cuire les pâtes *al dente* selon les instructions figurant sur le paquet. Rectifier une nouvelle fois l'assaisonnement des légumes, les verser dans un plat préchauffé et bien les mélanger avec les pâtes égouttées. Servir avec du parmesan.

Temps de préparation : 30 minutes
Par portion : 545 kcal/2 289 kj
P : 21 g, L : 10 g, G : 92 g

Gratin de tortellinis aux légumes

(en haut à droite)

Pour 4 personnes

500 g de tortellinis
Sel
400 g de courgettes
3 noisettes de beurre
2 gousses d'ail
3 œufs
250 ml de lait
100 g de parmesan fraîchement râpé
Poivre
Noix muscade fraîchement râpée

1. Faire cuire les tortellinis *al dente* dans de l'eau salée bouillante selon les instructions figurant sur le paquet. Les verser dans une passoire et bien les égoutter. Préchauffer le four à 220 °C (chaleur tournante 200 °C).

2. Laver les courgettes, les équeuter et les râper avec une râpe à légumes moyennement fine. Faire fondre 2 noisettes de beurre dans une poêle et y faire saisir les courgettes râpées à feu vif pendant environ 5 minutes. Éplucher l'ail, le presser et l'ajouter, puis saler les légumes.

3. Beurrer un moule à gratin avec le reste de beurre. Répartir les courgettes râpées au fond et verser les tortellini dessus.

4. Battre les œufs avec le lait, mélanger le parmesan et assaisonner avec du sel, du poivre fraîchement moulu et de la noix muscade. Verser ce mélange de manière homogène sur le gratin. Faire gratiner sur la glissière médiane du four pendant 15 minutes jusqu'à ce que la surface soit dorée.

Temps de préparation : 15 minutes
(Temps de cuisson en sus)
Par portion : 720 kcal/3 024 kj
P : 33 g, L : 24 g, G : 92 g

Pâtes vertes à la sauge et aux tomates *(en bas)*

Pour 4 personnes

1 kg de tomates, 6 gousses d'ail
3 échalotes, 2 c.s. d'huile d'olive
Sel, poivre, 500 g de pâtes vertes
1 petit brin de romarin
100 g de beurre
20 feuilles fraîches de sauge finement hachées
100 g de parmesan

1. Laver les tomates, les équeuter, les inciser en croix, les ébouillanter, les épépiner, les peler puis couper la chair grossièrement en morceaux.

2. Éplucher 2 gousses d'ail et les couper en fines rondelles. Éplucher les échalotes, les couper en dés fins et les faire revenir dans de l'huile d'olive très chaude avec les rondelles d'ail. Ajouter les dés de tomates et faire mijoter le tout à feu modéré pendant 20 minutes. Saler et poivrer.

3. Faire cuire les pâtes *al dente* dans une grande quantité d'eau bouillante salée. Éplucher les gousses d'ail restantes et les couper en rondelles. Laver le romarin, en détacher les aiguilles à la main et les hacher grossièrement. Faire chauffer le beurre, ajouter les rondelles d'ail, le romarin et le feuilles de sauge, puis faire mousser une fois le tout.

4. Dresser les pâtes avec la sauce tomate sur les assiettes préchauffées et râper le parmesan frais au-dessus. Terminer en versant le beurre très chaud à la sauge sur chaque assiette, puis servir.

Temps de préparation : 30 minutes
Par portion : 723 kcal/3 037 kj
P : 27 g, L : 26 g, G : 94 g

Nids de pâtes croustillantes *(à droite)*

Pour 4 personnes

Sel
300 g de spaghettis
500 g de tomates roma
100 g de roquette
150 g de jambon cuit
2 gousses d'ail
1 c.s. d'huile d'olive
Poivre
1 c.c. de poudre de paprika rose piquant
250 g de fontina
Beurre pour le moule

1. Faire cuire les spaghettis *al dente* dans une grande quantité d'eau bouillante salée. Puis les verser dans une passoire, les passer sous l'eau froide et bien les égoutter.

2. Laver les tomates, les équeuter, les inciser en croix, les ébouillanter, les peler, les couper en deux, les épépiner et couper leur chair en dés fins. Laver la roquette, l'essuyer et l'émincer. Couper le jambon cuit en dés. Éplucher l'ail et le hacher finement.

3. Préchauffer le four à 200 °C (chaleur tournante 180 °C). Chauffer l'huile et y faire saisir brièvement le jambon. Ajouter les tomates, la roquette et l'ail, puis faire revenir le tout brièvement. Assaisonner avec du sel, du poivre moulu et du paprika.

4. Beurrer un moule allant au four et y placer les pâtes sous la forme de petits nids. Déposer les légumes aux tomates dans ces petits nids. Couper le fromage en dés et les répartir sur la préparation. Faire gratiner sur la glissière médiane du four jusqu'à ce que le fromage soit fondu.

Temps de préparation : 30 minutes
Par portion : 582 kcal/2 447 kj
P : 35 g, L : 24 g, G : 55

Pappardelles à la sauce de foie de volaille *(en bas)*

Pour 4 personnes

500 g de pappardelles
500 g de foie de volaille
300 g de champignons de Paris
2 petits piments rouges
8 grandes feuilles de sauge
1 orange non traitée
1 c.c. de sucre
2 gousses d'ail
140 ml d'huile d'olive
Sel, 20 feuilles de basilic
1 c.s. de vinaigre balsamique

1. Préparer les pâtes selon les instructions figurant sur le paquet. Laver le foie de volaille, retirer les tendons et les tissus conjonctifs, puis couper en petits morceaux. Frotter les champignons, les éplucher et les couper en quatre. Couper en deux les piments, les épépiner, les laver et détailler leur chair en dés fins. Laver les feuilles de sauge, les essuyer et les émincer finement.

2. Râper finement le zeste de l'orange, puis le couper en lamelles très fines. Faire fondre le sucre à feu modéré et le laisser dorer, puis y faire revenir le zeste d'orange pour qu'il s'amollisse. Éplucher l'ail. Mélanger le zeste d'orange, les dés de piments, la moitié de l'huile d'olive, la sauge, l'ail pressé et le sel.

3. Faire saisir les champignons à feu vif dans 4 c.s. d'huile d'olive pendant environ 1 minute, les saler et les incorporer au mélange d'huile d'olive. Laver les feuilles de basilic, les essuyer et en détacher quelques-unes grossièrement.

4. Essuyer le foie de volaille, le faire cuire à feu vif dans le reste d'huile d'olive pendant 2 minutes, saler et déglacer avec du vinaigre balsamique.

5. Jeter l'eau des pâtes et bien les égoutter. Mélanger la préparation de champignons avec les pâtes, le foie de volaille et le basilic ; assaisonner éventuellement avec du sel et garnir avec le reste de basilic.

Temps de préparation : 30 minutes
Par portion : 902 kcal/3 771 kj
P : 47 g, L :37 g, G : 86 g

Linguines aux lentilles *(en haut)*

Pour 4 personnes

400 g de linguines
Sel, poivre
1 poireau
1 gousse d'ail
1 c.s. d'huile d'olive
530 g de lentilles (poids égoutté) en boîte avec légumes pour potage
200 ml de bouillon de légumes
80 g de tomates séchées
4 c.s. de vinaigre balsamique
Tomates cerises pour la décoration

1. Faire cuire les linguines *al dente* dans de l'eau bouillante salée selon les instructions figurant sur le paquet. Éplucher le poireau, le laver, l'essuyer et le couper en rondelles. Éplucher la gousse d'ail et la hacher. Faire chauffer l'huile dans une poêle et y faire revenir le poireau et l'ail.

2. Ajouter les lentilles, le bouillon de légumes et les tomates séchées coupées finement. Incorporer le vinaigre balsamique, puis saler et poivrer. Faire mijoter ce mélange pendant environ 5 minutes.

3. Dresser cette préparation avec les linguines égouttées, puis servir avec les tomates cerises en garniture.

Temps de préparation : 20 minutes
(Temps de cuisson en sus)
Par portion : 505 kcal/2 121 kj
P : 21 g, L :6 g, G : 87 g

Pennes à la sauce aigre-douce *(en haut)*

Pour 4 personnes

500 g de pennes rigates
3 c.s. d'huile d'olive
1 oignon
1 gousse d'ail
700 g de chair de potiron
125 ml de vin blanc sec
75 ml de bouillon de légumes corsé
Sel, poivre
1 c.c. de sucre
½ c.c. de poudre de gingembre
2 c.s. de crème fraîche
2 c.s. de jus de citron
1 bouquet de ciboulette

1. Préparer les pâtes selon les instructions figurant sur le paquet. Faire chauffer l'huile d'olive. Éplucher l'oignon et l'ail, les couper en dés et les faire blondir dans l'huile. Ajouter la chair de potiron coupée en dés et faire mijoter pendant 3 minutes tout en tournant. Verser le vin blanc et le bouillon de légumes, assaisonner avec du sel, du poivre, du sucre et de la poudre de gingembre, puis poursuivre la cuisson pendant encore 15 minutes.

2. Au bout de 7 minutes, retirer environ 4 c.s. de dés de potiron et les mettre de côté. Réduire en purée le reste de potiron, incorporer la crème fraîche, affiner la sauce avec du jus de citron et saler selon les besoins.

3. Laver et égoutter la ciboulette, puis la hacher. En incorporer la moitié avec le potiron dans la sauce et faire brièvement chauffer. Verser l'autre moitié sur la sauce. Dresser les pâtes égouttées avec la sauce et servir.

Temps de préparation : 30 minutes
Par portion : 96 kcal/401 kj
P : 3 g , L : 2 g, G :10 g

Macaronis avec pâte d'olives *(en haut à droite)*

Pour 4 personnes

400 g de macaronis, sel
75 g d'olives vertes en conserve avec des fines herbes
4 filets d'anchois dans l'huile
1 gousse d'ail
6 c.s. d'huile d'olive
1 c.s. de cognac
1 c.s. de jus de citron
1 c.c. d'origan effeuillé
Poivre
500 g de tomates charnues
200 g de cœurs d'artichauts en bocal

1. Faire cuire les pâtes selon les instructions figurant sur le paquet. Puis jeter l'eau et les égoutter. Couper les olives en deux et les dénoyauter. Bien rincer les anchois et les essuyer. Éplucher la gousse d'ail. Réduire les olives, les anchois et l'ail en une purée fine avec 2 c.s. d'huile d'olive. Mélanger 2 autres c.s. d'huile d'olive avec du cognac, du jus de citron et de l'origan et ajouter ce mélange à la purée d'olives et d'anchois. Saler et poivrer.

2. Laver les tomates, les équeuter, les inciser en croix, les ébouillanter, les peler, les épépiner et couper en dés leur chair. Égoutter les cœurs d'artichauts et les couper en quatre.

3. Faire chauffer le reste d'huile d'olive dans une poêle et y faire revenir brièvement les tomates. Incorporer ensuite les artichauts, puis saler et poivrer.

4. Mélanger les pâtes avec les légumes et faire chauffer brièvement à feu doux. Servir immédiatement avec de la pâte d'olives.

Temps de préparation : 30 minutes
Par portion : 510 kcal/2 142 kj
P : 35 g, L : 8 g, G : 74 g

Pâtes au parmesan et beurre brun (en bas)

Pour 4 personnes

400 g de pâtes larges
Sel
100 g de parmesan
150 g de beurre

1. Préchauffer les assiettes. Faire cuire les pâtes dans une grande quantité d'eau salée selon les instructions figurant sur le paquet.

2. Râper le parmesan. Faire fondre le beurre dans une poêle et attendre qu'il prenne une couleur brun clair.

3. Égoutter les pâtes dans une passoire et les mélanger au beurre très chaud. Les dresser immédiatement sur les assiettes très chaudes et saupoudrer de parmesan.

Temps de préparation : 20 minutes
Par portion : 828 kcal/3 466 kj
P : 24 g, L : 43 g, G : 86 g

Spaghettis à la sauce au fromage

(en bas)

Pour 4 personnes

400 g de spaghettis
Sel
1 oignon
1 noisette de beurre
1 c.s. de farine
375 ml de lait
50 g de gruyère, 50 g de gouda
50 g de parmesan
Poivre du moulin
Noix muscade fraîchement râpée
50 g de pignons de pin
1 c.s. de feuilles de thym

1. Faire cuire les spaghettis dans une grande quantité d'eau salée selon les instructions figurant sur le paquet, puis jeter l'eau et bien les égoutter.

2. Éplucher l'oignon et le couper en très petits dés. Faire chauffer le beurre dans une casserole et y faire blondir les dés d'oignons. Saupoudrer de farine et faire un roux. Ajouter le lait et bien mélanger. Faire cuire pendant 5 minutes à feu doux tout en remuant plusieurs fois.

3. Râper finement le gruyère, le gouda et 40 g de parmesan, verser dans la sauce et faire fondre à feu doux en remuant constamment. Bien relever avec sel, poivre et noix muscade.

4. Faire légèrement griller les pignons dans une poêle sans graisse. Mélanger les spaghettis avec la sauce au fromage et dresser. Garnir de pignons, du reste de parmesan râpé et de petites feuilles de thym.

Temps de préparation : 30 minutes
Par portion : 695 kcal/2 913 kj
P : 30 g, L :30 g, G :77 g

Raviolis aux épinards avec beurre à la sauge

(en haut à gauche)

Pour 4 personnes

400 g de raviolis (avec épinards et ricotta)
Sel
2 c.s. de petites feuilles fraîches de sauge
100 g de beurre
Poivre
40 g de parmesan

1. Faire cuire les raviolis dans de l'eau bouillante salée selon les instructions figurant sur le paquet, puis jeter l'eau. Entre temps, laver les petites feuilles de sauge, les essuyer et les couper en fines lamelles. Faire fondre le beurre dans une poêle. Faire revenir la sauge dans le beurre tout en veillant à ce qu'elle ne devienne pas trop foncée et ne brûle.

2. Mélanger les raviolis égouttés avec le beurre à la sauge, puis assaisonner légèrement avec sel et poivre. Râper le parmesan au-dessus et servir les raviolis immédiatement.

Temps de préparation : 10 minutes
(Temps de cuisson en sus)
Par portion : 868 kcal/3 634 kj
P :45 g, L :37 g, G : 85 g

Conseil : vous pouvez naturellement utiliser des raviolis avec une autre farce. Les cèpes s'associent très bien avec la sauge, mais des raviolis avec une farce à la viande conviendront également très bien pour cette recette rapide.

Pâtes avec ragoût de poulet et poivrons

(en haut)

Pour 4 personnes

1 poivron rouge et 1 poivron vert
350 g de blanc de poulet
2 c.s. d'huile, 20 g de beurre
125 ml de bouillon de volaille
1 gousse d'ail
1 à 2 c.c. de poudre de paprika
1 c.c. d'herbes de Provence effeuillées
400 g de pâtes plates, sel
50 g de parmesan fraîchement râpé
Poivre de Cayenne
1 botte de cerfeuil

1. Couper les poivrons en quatre, les laver, les équeuter, puis les placer dans le four à 200 °C côté peau vers le haut jusqu'à ce que se forment des cloques en surface. Puis les retirer du four, les laisser refroidir, les peler et couper leur chair en dés très fins. Couper le blanc de poulet en dés.

2. Faire revenir vivement la viande de poulet dans de l'huile très chaude pendant 2 minutes, retirer du feu et garder au chaud. Chauffer le beurre dans une poêle, ajouter les dés de poivrons, faire revenir brièvement et déglacer avec du bouillon.

3. Éplucher la gousse d'ail. Ajouter la poudre de paprika, l'ail pressé et les herbes de Provence, puis faire mijoter le tout à découvert pendant 2 minutes.

4. Entre temps, faire cuire les pâtes *al dente* dans une grande quantité d'eau salée, puis jeter l'eau et, alors qu'elles sont encore chaudes, les mélanger à la sauce avec 30 g de parmesan et la viande de poulet. Bien relever avec du sel et du poivre de Cayenne. Saupoudrer de cerfeuil et du reste de parmesan.

Temps de préparation : 30 minutes
Par portion : 686 kcal/2 870 kj
P : 41 g, L :18 g, G : 88 g

Pâtes à la mexicaine
(en bas)

Pour 4 personnes

500 g de pâtes plates vertes
2 noisettes de beurre
1 oignon
1 gousse d'ail
½ piment vert
12 petites feuilles de basilic
900 g de tomates pelées et coupées en morceaux en boîte
250 g de maïs égoutté en boîte
1 c.c. de thym
Sel, poivre
Gouda ancien fraîchement râpé selon les goûts

1. Préparer les pâtes selon les instructions figurant sur le paquet. Faire fondre le beurre. Éplucher l'oignon, le hacher et le faire blondir dans le beurre. Éplucher la gousse d'ail et la hacher, épépiner les piments, les laver et les couper en dés fins. Faire brièvement mijoter l'ail et le piment avec le reste.

2. Laver et sécher les petites feuilles de basilic, puis les émincer. Ajouter les tomates en boîte, le maïs également en boîte et les petites feuilles de basilic, puis laisser mijoter le tout pendant environ 20 minutes jusqu'à ce que la sauce ait une consistance veloutée. Assaisonner avec du thym, du sel et du poivre. Saupoudrer la sauce de vieux gouda fraîchement râpé selon les goûts.

Temps de préparation : 30 minutes
Par portion : 505 kcal/2 114 kj
P : 16 g, L : 17 g, G : 71 g

Tagliatelles au jambon de Parme et au parmesan
(en haut à droite)

Pour 4 personnes

200 g jambon de Parme
1 ciboule
1 bouquet de basilic
500 g de tomates mûres
30 g de beurre
2 c.s. d'huile d'olive
400 g de tagliatelles
Sel
100 g de parmesan fraîchement râpé
Poivre noir (du moulin)

1. Couper le jambon de Parme en lamelles d'1 cm de largeur. Éplucher la ciboule, le laver et le couper en dés fins ; n'utiliser que la partie blanche.

2. Laver et égoutter le basilic. En mettre un peu de côté ; détacher les feuilles des autres tiges. Laver les tomates, les couper en quatre, les équeuter et couper leur chair en dés de taille moyenne. Chauffer le beurre et l'huile d'olive dans une poêle. Y faire blondir la ciboule.

3. Entre temps, faire cuire les tagliatelles *al dente* dans une grande quantité d'eau salée selon les instructions figurant sur le paquet. Ajouter les lamelles de jambon à la ciboule et mélanger. Chauffer légèrement.

4. Égoutter les tagliatelles. Dans un grand plat, verser les pâtes avec les dés de tomates, le mélange jambon-ciboule, le basilic et un peu de parmesan. Poivrer, bien mélanger et garnir avec le reste de basilic. Servir avec du parmesan râpé.

Temps de préparation : 30 minutes
Par portion : 779 kcal/3 255 kj
P : 33 g, L : 37 g, G : 71 g

1. Préparer les pâtes selon les instructions figurant sur le paquet. Rincer la viande de sanglier, l'essuyer et la passer au hachoir. Éplucher la carotte et le céleri, couper la carotte en rondelles et le céleri en dés. Éplucher le poireau, le laver et le couper en rondelles.

2. Chauffer le beurre clarifié et y faire fondre les dés de lard. Éplucher l'oignon, le couper en gros dés et le faire blondir dans le beurre clarifié. Ajouter la viande de sanglier et la faire saisir vivement de tous les côtés. Ajouter les légumes et bien mélanger le tout.

3. Couper les pruneaux en dés et les ajouter à la viande avec le vin rouge et le fond de gibier. Assaisonner avec le concentré de tomates, le thym, le sel, le poivre et la poudre de piment Jamaïque, puis faire mijoter le tout à feu moyen pendant environ 15 minutes. Servir avec les pâtes.

Temps de préparation : 30 minutes
Par portion : 668 kcal/2 796 kj
P : 21 g, L : 49 g, G : 28 g

Rigatonis à la sauce au sanglier *(à droite)*

Pour 4 personnes

500 g de rigatonis
250 g de viande de sanglier
1 carotte
1 céleri
1 poireau
1 c.s. de beurre clarifié
100 g dés de lard
1 gros oignon doux
30 g de pruneaux
250 ml de vin rouge sec
125 ml de fond de gibier
1 c.s. de concentré de tomates
1 c.s. de thym effeuillé
Sel
Poivre
1 c.c. de poudre de piment Jamaïque

Pâtes vertes avec émincé d'agneau

(en haut)

Pour 4 personnes

500 g de côtes d'agneau
3 c.s. d'huile
Sel
Poivre (du moulin)
1 oignon
1 gousse d'ail
250 ml de bouillon de légumes
250 ml de crème liquide
100 g de lentilles rouges
2 c.s. de liant clair pour sauce (maïzena par ex.)
350 g de pâtes plates vertes
1 bouquet de ciboulette
1 à 2 c.c. de jus de citron

1. Laver le filet d'agneau, le couper en lamelles et le faire saisir dans de l'huile. Assaisonner avec du sel et du poivre, puis retirer.

2. Éplucher l'oignon et l'ail, les couper en petits dés, puis les faire revenir ensemble dans la graisse de cuisson. Verser le bouillon de légumes et la crème liquide, puis porter à ébullition. Ajouter les lentilles et les faire cuire à découvert et feu moyen pendant 8 minutes. Incorporer le liant et porter la sauce à ébullition.

3. Entre temps, faire cuire les pâtes *al dente* dans une grande quantité d'eau salée selon les instructions figurant sur le paquet. Laver la ciboulette, l'essuyer, la couper en fines rondelles et la mettre dans la sauce avec la viande. Assaisonner avec sel, poivre et jus de citron. Servir avec les pâtes.

Temps de préparation : 30 minutes
Par portion : 900 kcal/3 768 kj
P : 42 g, L : 47 g, G : 77 g

Pennes à la sauce pizza *(en bas à gauche)*

Pour 4 personnes

500 g de pennes rigates
2 oignons
1 gousse d'ail
1 c.s. d'huile d'olive
100 g de salami
350 g de dés de tomates aux herbes (produit industriel)
1 c.c. d'origan effeuillé
Sel
Poivre
½ bouquet de basilic
100 g de mozzarella râpée

1. Préparer les pâtes selon les instructions figurant sur le paquet. Éplucher les oignons et la gousse d'ail et les hacher. Chauffer l'huile d'olive et y faire revenir les oignons et l'ail.

2. Couper le salami en dés et l'ajouter au mélange oignons-ail. Déglacer avec les cubes à la tomate, porter à ébullition, assaisonner avec origan, sel et poivre, puis laisser mijoter à feu doux pendant environ 10 minutes.

3. Laver le basilic, l'égoutter et l'émincer. Saupoudrer la sauce de basilic et de mozzarella râpée. Dresser les pâtes égouttées avec la sauce et servir.

Temps de préparation : 30 minutes
Par portion : 313 kcal/1 310 kj
P : 16 g, L : 14 g, G : 31 g

Gratin de pâtes aux courgettes *(en haut)*

Pour 4 personnes

500 g de courgettes
1 oignon
1 gousse d'ail
250 g de jambon cuit
200 g de pâtes plates
200 g de pâtes plates rouges
Sel
1 noisette de beurre
Poivre
80 g de parmesan
30 g d'amandes effilées
Beurre pour le moule

1. Équeuter les courgettes, les laver et les couper en deux tout d'abord dans le sens de la largeur puis dans le sens de la longueur. Les couper ensuite en tranches fines avec la râpe. Éplucher l'oignon et la gousse d'ail, puis les hacher finement. Couper le jambon en dés.

2. Faire cuire les pâtes *al dente* dans suffisamment d'eau salée bouillante selon les instructions figurant sur le paquet. Puis jeter l'eau et les égoutter. Faire fondre le beurre, y faire blondir les dés d'oignon, ajouter le jambon et le faire revenir également. Faire de même avec les courgettes. Verser les dés d'ail et les mélanger avec les légumes. Saler et poivrer.

3. Graisser un moule allant au feu et y verser les pâtes. Puis ajouter la couche de courgettes et jambon. Râper le fromage au-dessus de cette préparation et le répartir de manière homogène. Faire gratiner sous le grill pour obtenir une couleur dorée.

4. Faire griller les amandes effilées dans une poêle antiadhésive sans ajouter de graisse et les répartir sur le gratin juste avant de servir.

Temps de préparation : 30 minutes
Par portion : 593 kcal/2 489 kj
P : 36 g, L :18 g, G : 71 g

Vermicelles à la sauce au safran *(à droite)*

Pour 4 personnes

500 g de vermicelles
200 g de filet de colin
Un peu de jus de citron
2 oignons
3 gousses d'ail
1 piment rouge
2 c.s. d'huile d'olive
3 c.s. de concentré de tomates
100 ml de vin blanc
500 ml de fond de poisson (produit industriel)
Sel, poivre
Poudre au curry
1 petite dose de safran
300 g de fruits de mer décongelés
1 bouquet de persil

1. Préparer les vermicelles selon les instructions figurant sur le paquet. Couper le filet de colin en morceaux et l'arroser de jus de citron.

2. Éplucher les oignons et l'ail, couper les oignons en rondelles, hacher finement l'ail. Épépiner le piment, le laver et le couper en dés.

3. Chauffer l'huile d'olive et y faire revenir les oignons. Ajouter l'ail, le piment ainsi que le concentré de tomates et faire mijoter. Déglacer avec du vin blanc et du fond de poisson, puis porter à ébullition. Assaisonner avec du sel, du poivre, du curry et du safran.

4. Mettre les fruits de mer et les morceaux de poissons dans la sauce, puis faire cuire pendant 5 minutes.

5. Laver et égoutter le persil, puis le hacher finement et le verser dans la sauce. Dresser avec les pâtes et servir.

Temps de préparation : 30 minutes
Par portion : 545 kcal/2 281 kj
P : 31 g, L : 12 g, G : 73 g

Spaghettis aux légumes *(en bas à droite)*

Pour 4 personnes

2 carottes
1 courgette
500 g de spaghettis
Sel
1 citron non traité
2 gousses d'ail
½ bouquet de basilic
1 avocat mûr
3 c.s. d'huile d'olive
1 c.s. de cognac
Poivre
150 g de crème fraîche

1. Éplucher les carottes, laver la courgette et l'essuyer. Couper ces deux légumes en tranches dans le sens de la longueur, puis en fines lamelles.

2. Faire cuire les pâtes *al dente* dans une grande quantité d'eau salée bouillante, puis les égoutter après la cuisson.

3. Laver le citron sous de l'eau chaude, le sécher et en râper finement le zeste. Éplucher l'ail et le couper en dés fins. Laver le basilic, l'essuyer et le hacher finement. Couper l'avocat en deux et le dénoyauter. Puis dégager la chair et l'écraser avec une fourchette.

4. Chauffer l'huile et y faire revenir les dés d'ail. Ajouter les lamelles de carottes, puis au bout de 2 minutes celles de courgette. Faire brièvement revenir, déglacer avec du cognac et ajouter la chair d'avocat. Saler et poivrer, puis affiner avec de la crème fraîche. Ajouter les pâtes dans la sauce aux légumes et dresser le tout sur des assiettes préchauffées. Garnir avec du basilic et des zestes de citron, puis servir immédiatement.

Temps de préparation : 30 minutes
Par portion : 585 kcal/2 457 kj
P :18 g, L :15 g, G : 92 g

Pennes aux asperges vertes *(à droite)*

Pour 4 personnes

1 botte de ciboule
2 c.s. d'huile d'olive
400 g tomates concassées en boîte
Sel, poivre
500 g d'asperges vertes
400 g de pennes
½ bouquet de basilic
1 noisette de beurre
4 c.s. de parmesan fraîchement râpé

1. Éplucher les ciboules, les laver et les couper en petites rondelles. Chauffer l'huile d'olive dans une casserole et les y faire revenir. Ajouter les tomates et les faire mijoter à température moyenne pendant environ 7 minutes jusqu'à ce que la sauce soit un peu épaissie. Saler et poivrer.

2. Laver les asperges, en ôter l'extrémité et éplucher le tiers inférieur. Couper les asperges en morceaux d'environ 4 cm de longueur et les faire cuire *al dente* dans de l'eau salée bouillante. Puis les retirer et les égoutter.

3. Entre temps, faire cuire les pâtes *al dente* dans l'eau bouillante des asperges. Laver le basilic, l'égoutter et émincer les petites feuilles.

4. Mettre le beurre dans la sauce, y incorporer les asperges et le basilic, puis assaisonner. Faire mijoter la sauce pendant 3 minutes. Présenter les pâtes avec la sauce, saupoudrer de parmesan et servir.

Temps de préparation : 30 minutes
Par portion : 423 kcal/1 775 kj
P : 14 g, L :19 g, G : 49 g

Mie Goreng aux crevettes *(sans photo)*

Pour 4 personnes

400 g de mélange de légumes chinois (congelés)
450 g de pâtes bami
2 noisettes de beurre
250 g de crevettes
2 gousses d'ail
Sel, poivre
Poudre de paprika

1. Faire dégeler le mélange de légumes selon les instructions figurant sur le paquet. Préparer les pâtes également en fonction des directives inscrites sur l'emballage. Faire chauffer le beurre dans une poêle et y faire revenir le mélange de légumes. Ajouter les crevettes. Éplucher les gousses d'ail et les presser au dessus de la poêle. Assaisonner le tout avec du sel, du poivre et de la poudre de paprika.

2. Égoutter les pâtes et les passer sous l'eau froide. Les ajouter ensuite aux légumes et relever le tout avec sel, poivre et poudre de paprika. Dresser sur des assiettes et servir.

Temps de préparation : 20 minutes
Par portion : 314 kcal/1 317 kj
P : 21 g, L : 9 g, G : 38 g

chaude. Hacher grossièrement un quart des petits bouquets de brocoli et les ajouter à l'échalote.

2. Incorporer le bouillon de légumes et la crème fraîche. Moudre finement la moitié des pistaches et l'ajouter. Porter le tout brièvement à ébullition, retirer du feu et réduire en purée. Assaisonner avec sel, poivre et jus de citron. Ajouter le reste de brocoli et la moitié des câpres, mélanger le tout et chauffer de nouveau.

3. Entre temps, faire cuire les pâtes *al dente* dans une grande quantité d'eau salée selon les instructions figurant sur le paquet. Ôter ensuite l'eau et égoutter. Mélanger avec la sauce, dresser sur des assiettes et servir avec une garniture composée des restes de câpres et des restes de pistaches grossièrement hachées.

Temps de préparation : 30 minutes
Par portion : 680 kcal/2 856 kj
P : 22 g, L :31 g, G : 78 g

22

Linguines avec crème au brocoli et aux pistaches *(en haut)*

Pour 4 personnes

500 g de brocoli, sel
1 échalote
2 c.s. d'huile d'olive
400 ml de bouillon de légumes
150 g de crème fraîche
100 g de pistaches
Poivre
1 c.s. de jus de citron
2 c.s. de câpres
400 g de linguines vertes

1. Éplucher et laver le brocoli, puis le détailler en bouquets. Faire cuire ces derniers *al dente* dans de l'eau bouillante salée pendant environ 5 minutes. Puis jeter l'eau, les passer sous l'eau froide et les égoutter. Éplucher l'échalote, la couper en dés fins et les faire revenir dans l'huile

Macaronis avec sauce à l'artichaut

(à gauche)

Pour 4 personnes

500 g de macaronis
12 petits artichauts frais
2 c.s. de jus de citron
Sel
600 g de tomates
3 oignons
1 gousse d'ail
2 carottes
2 branches de céleri
2 c.s. d'huile d'olive
125 ml de bouillon de légumes
Poivre

1. Préparer les macaronis selon les instructions figurant sur le paquet. Débarrasser les artichauts des queues, des feuilles dures, des extrémités et du foin, puis les poser dans 1 c.s. de jus de citron. Les faire cuire ensuite avec une autre c.s. de jus de citron dans suffisamment d'eau salée pendant environ 15 minutes. Puis les égoutter et les couper en quatre.

2. Laver les tomates, les inciser en croix, les équeuter, les ébouillanter, les peler, les épépiner et les couper en dés.

3. Éplucher les oignons et l'ail, puis les hacher finement. Éplucher les carottes et le céleri-branche, laver ce dernier, puis couper les deux en dés.

4. Chauffer l'huile d'olive et y faire revenir les oignons, l'ail, les carottes et le céleri pendant environ 3 à 5 minutes. Ajouter les dés de tomates et le bouillon de légumes, saler et poivrer, puis laisser mijoter à couvert pendant environ 10 minutes. Mettre ensuite les artichauts dans la sauce. Égoutter les pâtes et les dresser avec la sauce.

Temps de préparation : 30 minutes
Par portion : 393 kcal/1 645 kj
P : 9 g, L : 4 g, G : 68 g

Pâtes aux crevettes et au poivron *(en bas à gauche)*

Pour 4 personnes

200 g de poivron rouge
1 oignon, 1 gousse d'ail
1 noisette de beurre
75 ml de vin blanc
200 ml de fond de homard
Sel, poivre
Poudre de paprika
2 c.s. de crème fraîche
200 g de crevettes préparées
1 c.s. d'huile au piment
300 g de pâtes plates vertes
½ bouquet d'origan

1. Couper le poivron en deux, l'équeuter, le laver et le couper en dés fins. Éplucher l'oignon et la gousse d'ail, puis les couper en dés fins. Chauffer le beurre et faire revenir le tout pendant environ 3 à 5 minutes tout en tournant.

2. Déglacer avec le vin blanc et le fond de crabe, puis faire mijoter à feu doux pendant environ 2 à 4 minutes. Assaisonner avec sel, poivre et poudre de paprika, puis affiner avec de la crème fraîche.

3. Laver et essuyer les crevettes, saler et poivrer, puis les faire saisir vivement de tous les côtés dans de l'huile au piment. Les verser ensuite dans la sauce et les laisser s'imprégner pendant environ 3 minutes.

4. Entre temps, faire cuire les pâtes *al dente* dans de l'eau salée bouillante selon les instructions figurant sur le paquet. Laver l'origan, le sécher, en détacher les petites feuilles et les émincer finement. Jeter l'eau des pâtes et les égoutter. Les dresser sur les assiettes, puis y verser la sauce. Servir le tout parsemé d'origan.

Temps de préparation : 30 minutes
Par portion : 360 kcal/1 512 kj
P : 20 g, L : 5 g, G : 55 g

Pennes aux écrevisses *(en bas)*

Pour 4 personnes

24 écrevisses décongelées
100 g d'échalotes
35 g de beurre
3 c.c. de poudre de curry
1 c.s. de miel
150 ml de vin blanc
400 g de tomates pelées en boîte
500 ml de crème liquide
Sel, poivre de Cayenne
40 g de raisins secs
70 g de pignons de pin
1 c.s. d'huile d'olive
400 g de pennes
1 petit bouquet de basilic

1. Tourner légèrement les queues des écrevisses pour les détacher de leur corps. Casser la carapace des queues, inciser la chair le long du dos, retirer l'intestin et garder ensuite la chair au frais.

2. Éplucher les échalotes et les couper en dés, les faire revenir à feu vif dans le beurre avec les corps et carcasses d'écrevisses. Incorporer rapidement du curry. Ajouter du miel, 100 ml de vin blanc et des tomates avec leur jus, puis laisser réduire pendant 5 minutes. Ajouter de la crème liquide, assaisonner avec sel et poivre de Cayenne, puis laisser mijoter à feu doux pendant 10 minutes.

3. Faire cuire le raisins dans le reste de vin blanc jusqu'à ce que l'ensemble du liquide soit évaporé. Faire dorer les pignons dans de l'huile d'olive tout en les retournant. Faire cuire les pennes *al dente* dans une grande quantité d'eau salée et les égoutter.

4. Filtrer la sauce dans une passoire fine et bien presser les restes à travers les mailles. Mélanger les raisins, les queues d'écrevisses et les penne avec la sauce, puis faire chauffer le tout. Laver et essuyer le basilic, en détacher les feuilles. Parsemer toute la préparation de basilic et de pignons.

Temps de préparation : 30 minutes
Par portion : 1151 kcal/4815 kj
P : 35 g, L : 62 g, G : 105 g

Gratin de spaghettinis aux poivrons

(en bas à droite)

Pour 4 personnes

2 poivrons rouges
2 poivrons verts
2 poivrons jaunes
2 gousses d'ail
400 g de mozzarella
½ bouquet de thym
3 c.s. d'huile d'olive
1 c.c. de zeste râpé d'un citron non traité
Sel, poivre
300 g de spaghettinis

1. Couper les poivrons en petits dés. Éplucher l'ail et le presser. Couper la mozzarella en tranches.

2. Laver et essuyer le thym, en détacher les petites feuilles et les hacher grossièrement. Chauffer 2 c.s. d'huile dans une grande poêle. Y faire bien saisir les poivrons à feu moyen tout en tournant.

3. Incorporer l'ail, la moitié de thym et le zeste de citron, saler et poivrer,

puis mettre le tout dans un grand plat. Préchauffer le four à 250 °C (chaleur tournante 220 °C). Entre temps, faire cuire les pâtes *al dente* dans une grande quantité d'eau salée selon les instructions figurant sur le paquet. Puis les égoutter et les mélanger aux poivrons.

4. Mettre tout dans un moule allant au four, recouvrir de mozzarella, saupoudrer du reste de thym et verser les gouttes d'huile restantes. Glisser le plat de pâtes dans le four chaud et laisser gratiner 8 à 10 minutes jusqu'à ce que le fromage soit fondu et légèrement bruni.

Temps de préparation : 20 minutes
(Temps de cuisson en sus)
Par portion : 603 kcal/2 533 kj
P : 31 g, L : 26 g, G : 59 g

Pâtes vertes avec sauce piquante à la tomate *(à gauche)*

Pour 4 personnes

500 g de pâtes vertes
1 carotte
1 oignon
1 branche de céleri
1 c.s. d'huile d'olive
4 c.s. de vin rouge
500 g de tomates en purée en boîte
2 piments rouges séchés
Sel
Poivre
2 c.c. d'origan haché

1. Préparer les pâtes selon les instructions figurant sur le paquet. Éplucher la carotte et l'oignon, puis les hacher finement. Éplucher le céleri, le laver et le hacher également. Faire chauffer l'huile d'olive, puis y faire mijoter la carotte, l'oignon et la céleri pendant environ 10 minutes tout en tournant. Ajouter le vin rouge et laisser réduire.

2. Ajouter les tomates réduites en purée avec le jus ainsi que les piments, puis assaisonner avec le sel et le poivre. Porter à ébullition et laisser mijoter à feu moyen pendant environ 15 minutes. Ajouter de l'origan haché pour parfaire l'assaisonnement de la sauce. Retirer les piments avant de servir.

Temps de préparation : 30 minutes
Par portion : 337 kcal/1 410 kj
P : 11 g, L : 5 g, G : 58 g

Orecchiettes avec sauce aux oignons
(à droite)

Pour 4 personnes

500 g d'orecchiettes
2 c.s. d'huile d'olive
100 g de bacon
4 ciboules
150 ml de vin blanc sec
150 ml de bouillon de légumes
1 gousse d'ail, sel, poivre
2 c.c. de romarin effeuillé
60 g de fromage fondant
1 bouquet de persil plat

1. Préparer les pâtes selon les instructions figurant sur le paquet. Chauffer l'huile d'olive et y faire revenir le bacon bits. Éplucher et laver les ciboules, les couper en rondelles. Les ajouter et les faire revenir pendant environ 2 minutes.

2. Verser le vin blanc et le bouillon de légumes, éplucher la gousse d'ail et la presser au-dessus de la préparation, assaisonner avec sel, poivre et romarin, puis laisser étuver à couvert pendant encore 3 minutes à feu doux.

3. Ajouter le fromage et le faire fondre tout en remuant. Laver et égoutter le persil, le hacher et l'incorporer.

Temps de préparation : 30 minutes
Par portion : 225 kcal/942 kj
P : 22 g, L : 10 g, G : 80 g

Spaghettinis aux épinards *(à gauche)*

Pour 4 personnes

300 g d'épinards frais
3 piments rouges
4 gousses d'ail
400 g de spaghettinis
Sel, 150 ml d'huile d'olive
50 g de graines de sésame
Poivre

1. Éplucher, laver et essuyer les épinards. Éplucher et laver les piments. Les couper en deux, les épépiner et les couper en petits dés. Éplucher les gousses d'ail et les hacher finement.

2. Faire cuire les spaghettinis *al dente* dans de l'eau salée bouillante en suivant les instructions figurant sur le paquet.

3. Chauffer l'huile dans une poêle et y faire saisir les dés de piments. Ajouter les dés d'ail et les faire blondir tout en remuant. Ajouter le sésame et laisser cuire 2 minutes tout en tournant. Ajouter les épinards et attendre qu'ils s'affaissent.

4. Égoutter les pâtes, les passer à l'eau froide et bien les égoutter. Les ajouter au mélange d'épinards et les tourner, puis saler et poivrer. Présenter le tout sur des assiettes à pâtes et servir.

Temps de préparation : 25 minutes
Par portion : 373 kcal/1 564 kj
P : 14 g, L : 3 g, G : 70 g

Conseil : c'est la graine de sésame qui donne à ce plat une note particulière. Mais si vous n'avez pas de sésame, vous pouvez faire griller des pignons de pin.

Temps de préparation : 20 minutes
Par portion : 871 kcal/3 646 kj
P : 30 g, L : 55 g, G : 59 g

Tagliatelles avec pesto au persil et aux amandes *(en bas)*

Pour 4 personnes

1 bouquet de persil
1 bouquet de basilic
2 gousses d'ail
50 g d'amandes hachées
2 c.s. de pecorino râpé
2 c.s. d'huile
½ piment séché
125 ml de bouillon
400 g de tagliatelles
Sel

1. Laver et égoutter le persil et le brocoli, détacher les petites feuilles des tiges et les hacher finement. Hacher les fines herbes, les gousses d'ail épluchées et les amandes dans le mixer. Ajouter le pecorino, l'huile et le piment émietté, puis mixer brièvement. Ajouter le bouillon et assaisonner.

2. Entre temps, faire cuire les pâtes dans de l'eau salée selon les instructions figurant sur le paquet. Égoutter tout en récupérant environ 100 ml d'eau de cuisson. Mélanger le pesto dans les pâtes. Incorporer éventuellement un peu d'eau des pâtes.

Temps de préparation : 30 minutes
Par portion : 458 kcal/1 924 kj
P : 16 g, L : 12 g, G : 70 g

Pâtes al Burro *(sans photo)*

Pour 4 personnes

650 g de pâtes plates congelées
800 ml de fond de veau
4 c.s. d'huile de truffe
100 g de beurre de truffe
100 ml de crème liquide
100 g de parmesan râpé
Sel, poivre
20 g de truffes

1. Préparer les pâtes dans le fond de veau selon les instructions figurant sur le paquet. Ajouter l'huile de truffe.

2. Faire fondre le beurre et incorporer la crème fraîche et le fromage. Saler et poivrer.

3. Verser les pâtes dans une passoire, les passer à l'eau froide et les répartir sur des assiettes préchauffées. Verser le beurre dessus et servir le tout garni de truffe râpée.

Tagliatelles à la sauce au paprika et aux calamars

(en haut à droite)

Pour 4 personnes

500 g de tagliatelles
3 poivrons jaunes
200 g de tomates
2 brins de basilic
2 gousses d'ail
400 g de calamars séchés décongelés
2 c.s. d'huile d'olive
2 feuilles de laurier
Sel, poivre
1 à 2 c.s. de jus de citron

1. Préparer les pâtes selon les instructions figurant sur le paquet. Couper les poivrons en quatre, les laver, les épépiner, les poser côté peau vers le haut dans un four à 200 °C et les y faire chauffer jusqu'à ce qu'apparaissent des cloques en surface. Puis les retirer, les faire suer et refroidir dans un petit sac en plastique. Ôter ensuite leur peau et couper leur chair en lamelles.

2. Laver les tomates, les inciser en croix, en retirer la partie dure, les plonger dans de l'eau bouillante, les peler, les épépiner et les couper en dés. Laver et essuyer les brins de basilic, puis les hacher grossièrement. Éplucher les gousses d'ail et les hacher finement. Couper les calamars en morceaux.

3. Faire chauffer l'huile d'olive, ajouter les calamars, l'ail et les feuilles de laurier, puis tout faire cuire à feu vif pendant environ 5 minutes. Ajouter ensuite tomates et poivrons à la cuisson. Assaisonner et verser du jus de citron. Saupoudrer de basilic à la fin.

Temps de préparation : 30 minutes
Par portion : 383 kcal/1 603 kj
P : 26 g, L : 8 g, G : 51 g

Spaghettinis avec boulettes en sauce

(en haut)

Pour 4 personnes

1 gousse d'ail
2 oignons
1 piment rouge
1 c.s. d'huile d'olive
1 grande boîte de tomates concassées
Sel, poivre
Poudre de paprika piquante rose
150 g de viande d'agneau
150 g de viande hachée de bœuf
1 œuf, 2 c.s. de chapelure
Poivre de Cayenne
400 g de spaghettinis
100 g de petits pois (congelés)
½ bouquet de sauge
100 g de fromage de brebis

1. Éplucher la gousse d'ail et les oignons, puis les couper en dés fins. Équeuter le piment, le laver et le couper en deux, l'épépiner et le couper en petits dés. Chauffer l'huile et y faire revenir le tout brièvement en tournant. Ajouter les tomates à pizza avec le liquide, puis bien relever avec sel, poivre et poudre de paprika. Laisser mijoter la sauce à feu doux pendant environ 10 minutes.

2. Mélanger les deux sortes de viandes hachées. Malaxer œuf et chapelure, puis assaisonner vigoureusement le tout avec sel, poivre de Cayenne et poudre de paprika. Constituer de petites boulettes avec la farce et les faire cuire dans la sauce à la tomate pendant environ 10 minutes.

3. Faire cuire les spaghettinis *al dente* dans suffisamment d'eau salée bouillante. Environ 5 minutes avant la fin de la cuisson, ajouter les petits pois aux boulettes de viande.

4. Laver, essuyer et hacher finement la sauge. Égoutter les pâtes, les passer sous l'eau froide et les présenter avec la sauce. Servir le tout garni de sauge et de fromage de brebis émietté.

Temps de préparation : 30 minutes
Par portion : 620 kcal/2 604 kj
P : 38 g, L : 17 g, G : 77 g

2. Chauffer la moitié de l'huile d'olive dans une poêle et y faire revenir à feu doux l'ail, les anchois hachés et les lamelles de poivrons. Faire cuire les pâtes *al dente* dans de l'eau salée selon les instructions figurant sur le paquet.

3. Ajouter les câpres aux lamelles de poivrons, puis faire mijoter pendant quelques minutes. Ajouter les feuilles de menthe et de basilic finement hachées et saler. Égoutter les pâtes et les verser dans la poêle avec la préparation de poivrons.

4. Ajouter le reste d'huile, bien mélanger le tout et chauffer encore 1 à 2 minutes à feu doux. Saupoudrer de poivre moulu et servir.

Temps de préparation : 30 minutes
Par portion : 450 kcal/1 890 kj
P : 18 g, L : 19 g, G : 73 g

Pennes avec poivrons jaunes, câpres et anchois

(à droite)

Pour 4 personnes

500 g de poivrons jaunes
2 gousses d'ail
6 c.s. d'huile d'olive
12 filets d'anchois rincés
400 g de pennes
Sel
2 c.s. de câpres
Quelques feuilles fraîches de basilic et de menthe
Poivre fraîchement moulu

1. Couper les poivrons en deux, les laver et les faire chauffer dans un four très chaud jusqu'à ce que la peau éclate et puisse être pelée. Couper ensuite les poivrons pelés en fines lamelles. Éplucher les gousses d'ail et les hacher finement.

Spaghettis au saumon et à la sauce au citron *(en bas)*

Pour 4 portions

400 g de spaghettis
Sel
300 g de filets de saumon
1 bouquet d'aneth
4 jaunes d'œufs
Zeste râpé d'1 citron non traité
1 c.s. de jus de citron
4 c.s. de vin blanc
1 c.c. de sucre
Poivre
120 g de beurre

1. Faire cuire les spaghettis dans une grande quantité d'eau salée bouillante selon les instructions figurant sur le paquet.

2. Couper le saumon en lamelles puis en petits morceaux. Laver l'aneth, l'égoutter et le hacher finement.

3. Avec un fouet, mélanger dans une casserole le jaune d'œuf avec le zeste et le jus de citron, le vin blanc, le sucre, le sel et le poivre. Puis, sur feu doux, battre jusqu'à obtention d'une crème épaisse.

Farfalles aux boulettes et à la sauce au fromage *(en haut)*

Pour 4 personnes

300 g de brocoli, 300 g de carottes
400 ml de bouillon de légumes
200 g de farce de veau
3 c.s. d'huile, 1 oignon
200 g de mascarpone
1 c.s. de liant clair pour sauce (maïzena par ex.)
Sel, poivre, 1 c.s. de jus de citron
2 bouquets de cerfeuil
350 g de farfalles

1. Éplucher les carottes et les couper en petits dés ; éplucher le brocoli, le laver et le détacher en petits bouquets. Faire cuire le brocoli et les carottes dans le bouillon à couvert pendant 5 à 6 minutes à feu moyen. Puis égoutter en récupérant le bouillon de cuisson.

2. Avec des mains humides, former de petites boulettes avec la farce de veau. Les faire dorer dans l'huile très chaude pendant 2 minutes, puis les extraire.

3. Éplucher les oignons, les couper en dés fins et les faire revenir dans la graisse de cuisson. Prélever 250 ml du bouillon. Ajouter aux oignons avec le mascarpone et le liant pour sauce, mélanger avec un fouet et porter à ébullition. Assaisonner avec le sel, le poivre et le jus de citron.

4. Trier le cerfeuil, le laver, l'essuyer et le hacher ; le verser dans la sauce avec les boulettes et les légumes et faire chauffer.

5. Entre temps, faire cuire les pâtes *al dente* dans une grande quantité d'eau salée selon les instructions figurant sur le paquet, les égoutter et les présenter avec la sauce au fromage.

Temps de préparation : 30 minutes
Par portion : 709 kcal/2 970 kj
P : 25 g, L : 37 g, G : 68 g

4. Couper le beurre très froid en dés et les incorporer progressivement dans la sauce. Intégrer également l'aneth, puis rectifier éventuellement l'assaisonnement de la sauce.

5. Jeter l'eau des spaghettis et les remettre non égouttés dans la casserole. Mélanger les morceaux de saumon dans les pâtes et tourner avec précaution pendant 3 minutes. Servir avec la sauce.

Temps de préparation : 30 minutes
Par portion : 706 kcal/2 953 kj
P : 27 g, L : 43 g, G : 44 g

Macaronis Diabolo

(sans photo)

Pour 4 personnes

450 g de macaronis
4 piments rouges
100 g d'un mélange d'oignon et d'ail (congelés)
100 g de mélange de fines herbes italiennes (congelées)
1 c.s. d'huile au piment
3 c.s. d'huile aux cacahuètes
200 g de tomates aux fines herbes (produit industriel)
Sel, poivre de Cayenne
500 ml de fond de légumes (produit industriel)
125 ml de vin rouge
1 à 2 c.s. de câpres
2 à 3 c.s. de crème fraîche
Sauce au piment selon les goûts

1. Préparer les macaronis selon les instructions figurant sur le paquet. Équeuter et laver les piments, les couper en deux et les épépiner. Les couper ensuite en petits dés.

2. Faire cuire les dés de piments avec le mélange d'oignons et d'ail et le mélange de fines herbes dans l'huile très chaude aux cacahuètes et dans l'huile au piment pendant environ 4 à 6 minutes. Verser du tomates aux fines herbes et assaisonner le tout avec du sel et du poivre de Cayenne.

3. Ajouter le fond de légumes, le vin rouge et les câpres, puis faire mijoter tout ensemble à feu doux pendant environ 8 à 10 minutes.

4. Affiner la sauce avec la crème fraîche et rectifier l'assaisonnement avec la sauce au piment selon les goûts. Jeter l'eau des pâtes et les dresser avec la sauce, puis servir.

Temps de préparation : 20 minutes
Par portion : 510 kcal/2 142 kj
P : 22 g, L : 15 g, G : 83 g

Pâtes aux épinards et au gorgonzola *(en haut)*

Pour 4 personnes

8 oignons, 50 g de beurre
500 g d'épinards congelés
400 g de pâtes plates
Sel, 125 ml de crème liquide
2 c.s. de vin blanc
150 g de gorgonzola
Poivre
Noix muscade fraîchement râpée

1. Éplucher les oignons, les couper en dés et les faire blondir dans le beurre. Ajouter les épinards non dégelés et laisser étuver à feu doux pendant 10 minutes en remuant plusieurs fois.

2. Faire cuire les pâtes dans suffisamment d'eau salée bouillante selon les instructions figurant sur le paquet.

3. Ajouter la crème liquide, le vin blanc et la moitié du gorgonzola aux épinards, puis réduire le tout en purée avec le mixer.

4. Bien assaisonner la sauce avec du sel, du poivre et de la noix de muscade. Servir les pâtes égouttées avec la sauce et le reste de gorgonzola coupé en dés.

Temps de préparation : 30 minutes
Par portion : 679 kcal/3 838 kj
P : 83 g, L : 31 g, G : 71 g

Pâtes aux crevettes avec sauce à l'orange *(en bas)*

Pour 4 personnes

400 g de crevettes prêtes à l'emploi
40 g de pâte de crabe
1 oignon
1 c.s. de farine
250 ml de crème liquide
250 ml de vin blanc
400 g de conchiglies (coquilles)
Sel
1 bouquet d'aneth
1 c.s. de zeste très fin d'une orange non traitée
125 ml de jus d'orange
Poivre

1. Rincer les crevettes et bien les essuyer. Puis les faire revenir de chaque côté dans la pâte à crabe fondue pendant environ 1 minute. Les retirer ensuite de la poêle avec une écumoire.

2. Éplucher l'oignon, le couper en petits dés et le faire revenir dans la graisse de cuisson. Saupoudrer de farine et chauffer brièvement. Ajouter la crème liquide et le vin. Faire mijoter le tout pendant 10 minutes à feu moyen. Faire cuire les coquilles *al dente* dans suffisamment d'eau salée.

3. Mettre les crevettes dans la sauce et les faire cuire pendant 2 minutes. Laver l'aneth, l'essuyer et le mettre de côté pour la garniture. Hacher le reste. Mettre l'aneth haché dans la sauce avec le zeste et le jus d'orange. Saler et poivrer.

4. Égoutter les coquilles. Les dresser avec la sauce à l'orange. Garnir avec le reste d'aneth.

Temps de préparation : 30 minutes
Par portion : 718 kcal/3 004 kj
P : 34 g, L : 31 g, G : 69 g

Pappardelles aux cœurs d'artichauts *(en haut à droite)*

Pour 4 personnes

2 gousses d'ail
2 à 3 piments séchés
100 ml d'huile d'olive
1 boîte de cœurs d'artichauts
4 brins de thym
½ bouquet de basilic
100 g de tomates séchées macérant dans l'huile
400 g de pappardelles
50 g de pignons de pin, sel
50 g de parmesan

1. Éplucher l'ail et le hacher finement. Émietter les piments. Mettre le tout dans une poêle avec 1 c.s. d'huile d'olive et faire revenir pendant 2 à 3 minutes. Retirer du feu et mélanger avec le reste d'huile d'olive ; en garder 2 c.s.

2. Égoutter les cœurs d'artichauts dans une passoire et les couper en deux. Laver et essuyer le thym et le basilic, en détacher les petites feuilles et les hacher, couper les tomates séchées en dés. Faire cuire les pappardelles selon les instructions figurant sur le paquet, les passer ensuite sous l'eau froide et les égoutter. Faire dorer les pignons dans une poêle antiadhésive sans graisse.

3. Faire chauffer 2 c.s. d'huile d'olive dans une poêle, ajouter les cœurs d'artichauts et faire cuire le tout de tous les côtés pendant 4 à 5 minutes. Ajouter les tomates et les pâtes pour les faire revenir pendant 2 minutes. Incorporer l'huile à l'ail et les pignons, saler. Servir avec le basilic, le thym et le parmesan fraîchement râpé.

Temps de préparation : 30 minutes
Par portion : 809 kcal/3 398 kj
P : 21 g, L : 45 g, G : 80 g

couper leur chair en dés. Retirer les morilles de l'eau, bien les rincer et les égoutter.

3. Chauffer le beurre dans une poêle et y faire revenir les morilles avec l'oignon et les tomates. Saler et poivrer.

4. Laver et essuyer le foie, puis le couper en dés. L'ajouter ensuite aux tomates et aux morilles et laisser étuver pendant environ 8 minutes. Saler et poivrer.

5. Retirer le foie et le tenir au chaud. Verser le fond de champignons et laisser réduire jusqu'à obtention d'une sauce onctueuse. Couper le bresaola en tranches et les incorporer à la sauce. Dresser les pâtes égouttées avec la sauce et le foie. Servir avec du parmesan.

Temps de préparation : 30 minutes
Par portion : 778 kcal/3 268 kj
P : 41 g, L : 29 g, G : 75 g

Spaghettinis à la sauce aux morilles

(à droite)

Pour 4 personnes

500 g de spaghettinis
20 g de morilles séchées
Sel
1 oignon
4 tomates
4 noisettes de beurre
Poivre du moulin
350 g de foie de dinde
100 ml de fond de champignons
4 tranches de bresaola
(viande de bœuf séchée à l'air)
70 g de parmesan râpé

1. Préparer les pâtes selon les instructions figurant sur le paquet. Faire tremper les morilles dans de l'eau tiède. Éplucher l'oignon et le couper en dés.

2. Laver les tomates, les inciser en croix, les ébouillanter, les peler et

Pennes aux scampi
(en bas)

Pour 4 personnes

16 scampi ou crevettes fraîches avec leur carapace
10 grains de poivre, 1 carotte
1 branche de céleri
1 petit oignon, sel
100 g de filet de rouget
2 brins de persil
5 c.s. d'huile d'olive
1 gousse d'ail
2 c.s. de persil haché
Poivre blanc
400 g de pennes
2 grandes feuilles d'oseille
30 g de beurre

1. Bien laver les scampi ou les crevettes, les dégager avec précaution de leur carapace et retirer l'intestin. Mélanger les carapaces avec le poivre, les légumes épluchés et émincés ainsi qu'une pincée de sel, recouvrir d'eau et faire cuire pendant 15 minutes. Filtrer le bouillon dans une passoire fine.

2. Porter l'eau de cuisson une nouvelle fois à ébullition et y faire

Macaronis à la sauce au gorgonzola *(en haut)*

Pour 4 personnes

150 g de gorgonzola
250 ml de crème liquide
Sel
Poivre
Sucre
150 g de jambon de Parme en tranches
400 g de macaronis
1 bouquet de persil

1. Ôter la croute du gorgonzola, couper le fromage en dés et les faire fondre à feu réduit dans une casserole. Mélanger ensuite la crème liquide, assaisonner avec sel, poivre et sucre puis laisser réduire pendant environ 3 à 5 minutes tout en remuant.

2. Couper le jambon de Parme et le faire chauffer dans la sauce au fromage. Entre temps, faire cuire les macaronis selon les instructions figurant sur le paquet. Laver et essuyer le persil, puis le hacher finement. Dresser les macaronis avec la sauce au gorgonzola et servir le tout saupoudré de persil.

Temps de préparation : 25 minutes
Par portion : 905 kcal/3 801 kj
P : 35 g, L : 46 g, G : 87 g

Conseil : si vous privilégiez un goût plutôt doux, optez pour le gorgonzola dolce qui est mélangé avec du mascarpone.

cuire le filet de rouget avec le persil pendant 3 minutes. Retirer les tiges de persil, réduire le bouillon et le poisson en purée avec le mixer. Couper les scampi en morceaux.

3. Chauffer l'huile dans une grande poêle, éplucher la gousse d'ail et la hacher finement. La faire dorer dans la poêle, ajouter le persil haché et les scampi et faire revenir brièvement le tout. Saler et poivrer.

4. Entre temps, faire cuire les pâtes *al dente* dans une grande quantité d'eau salée selon les instructions figurant sur le paquet. Jeter ensuite l'eau de cuisson, mais tout en en récupérant un peu, puis égoutter.

5. Mettre les pâtes dans la poêle avec les scampi. Ajouter la purée de poisson et, si cela est nécessaire, ajouter un peu d'eau de cuisson des pâtes pour rendre la préparation plus malléable. Bien mélanger le tout à feu doux. À la fin, ajouter l'oseille émincée et le beurre en flocons dans le plat de pâtes. Dresser immédiatement sur des assiettes chaudes et servir.

Temps de préparation : 30 minutes
Par portion : 565 kcal/2 373 kj
P : 29 g, L : 17 g, G : 72 g

Spaghettis aux aubergines et tomates *(en haut)*

Pour 4 portions

500 g d'aubergines
3 c.s. d'huile d'olive
2 gousses d'ail, 400 g de tomates
300 g de spaghettis, sel
5 c.s. de parmesan fraîchement râpé
Basilic pour la décoration

1. Équeuter et laver les aubergines, puis les essuyer et les couper en petits dés. Chauffer l'huile d'olive dans une poêle et y faire bien saisir les aubergines. Éplucher les gousses d'ail, les hacher, les ajouter et les faire également revenir.

2. Laver, essuyer, peler, épépiner et hacher les tomates. Les ajouter aux aubergines et faire mijoter le tout pendant 5 minutes. Puis écraser avec une fourchette. Continuer à faire mijoter le mélange pendant encore 10 minutes.

3. Entre temps, faire cuire les spaghettis *al dente* selon les instructions figurant sur le paquet. Ajouter les pâtes égouttées aux aubergines et aux tomates, saler. Saupoudrer de parmesan fraîchement râpé et servir ce plat garni de basilic.

Temps de préparation : 15 minutes
(Temps de cuisson en sus)
Par portion : 357 kcal/1 499 kj
P : 13 g, L : 7 g, G : 57 g

Pâtes plates à la crème de poireaux
(sans photo)

Pour 4 personnes

500 g de pâtes plates
1 ½ l de bouillon de cèpes à la levure
2 poireaux
200 g de champignons de Paris
2 c.s. d'huile de sésame
60 ml de bouillon de volaille
Sel
Poivre
Poudre de cardamome
Poudre de gingembre
250 g de yaourt

1. Faire cuire les pâtes dans le bouillon de cèpes à la levure selon les instructions figurant sur le paquet. Éplucher le poireau, le laver et le couper en rondelles.

2. Éplucher les champignons, les laver et les couper en rondelles. Chauffer l'huile dans une poêle, puis y faire étuver le poireau et les champignons pendant 10 minutes.

3. Ajouter le bouillon de volaille et assaisonner avec sel, poivre, cardamome et gingembre. Puis réduire le tout en purée avec le mixer.

4. Incorporer le yaourt et faire chauffer. Égoutter les pâtes et servir avec la crème aux champignons.

Temps de préparation : 20 minutes
Par portion : 583 kcal/2 449 kj
P : 21 g, L : 32 g, G : 49 g

Macaronis à la sauce aux chanterelles

(en haut)

Pour 4 personnes

2 oignons
100 g de lard maigre
500 g de chanterelles fraîches
400 g de macaronis
Sel
2 c.s. d'huile
25 g de beurre
150 g de crème fraîche
Poivre
1 bouquet de ciboulette
2 c.s. de feuilles de marjolaine

1. Éplucher les oignons et les couper en petits dés. Couper le lard en minces lamelles. Éplucher les chanterelles et, si nécessaire, les laver brièvement dans l'eau. Veiller cependant à ce qu'elles n'absorbent pas trop d'eau. Couper les gros chanterelles en deux. Faire cuire les macaronis dans de l'eau salée en suivant les instructions figurant sur le paquet, les verser ensuite dans une passoire et les égoutter.

2. Faire chauffer l'huile dans une poêle et y faire cuire le lard pour qu'il soit croustillant. Puis le retirer avec une écumoire. Faire fondre le beurre dans la graisse de cuisson. Tout en remuant, y faire cuire les dés d'oignons et les chanterelles jusqu'à ce que tout le liquide se soit évaporé.

3. Ajouter la crème fraîche et le lard frit aux chanterelles et faire chauffer. Saler et poivrer. Laver et essuyer la ciboulette, puis la couper en petites rondelles. Hacher les feuilles d'origan. Mélanger les petites rondelles de ciboulette et 1 c.s de marjolaine hachée avec les chanterelles. Incorporer les pâtes égouttées et saupoudrer le tout d'1 c.s. de marjolaine.

Temps de préparation : 30 minutes
Par portion : 590 kcal/2 478 kj
P : 20 g, L : 24 g, G : 72 g

Conseil : vous pouvez remplacer les chanterelles par des champignons de Paris, des pleurotes, des bolets ou des cèpes. Si vous ne mettez pas de lard maigre, vous obtiendrez un bon plat végétarien.

Foies de volaille avec pennes *(en bas à droite)*

Pour 4 personnes

350 g de foies de poulets
500 g de pennes
Sel
1 oignon, 2 gousses d'ail
50 g de beurre
2 c.s. de zeste râpé d'une orange non traitée
2 feuilles de laurier
120 ml de vin rouge
2 c.s. de concentré de tomates
2 c.s. de crème liquide, poivre

1. Laver les foies. Retirer les tendons et le tissu conjonctif. Couper chaque foie en petits morceaux. Faire cuire les pâtes *al dente* dans une grande quantité d'eau salée selon les instructions figurant sur le paquet. Les égoutter ensuite et les tenir au chaud. Éplucher l'oignon et l'ail, couper l'oignon en dés.

2. Faire fondre le beurre dans une poêle et y faire étuver l'oignon. Presser l'ail au-dessus, ajouter les foies, le zeste d'orange et les feuilles de laurier, puis poursuivre la cuisson pendant 3 minutes tout en remuant.

Retirer les foies de la poêle et y verser le vin rouge, le concentré de tomates et la crème liquide. Faire mijoter le tout jusqu'à ce que la sauce soit réduite et épaississe.

3. Retirer les feuilles de laurier. Puis remettre les foies dans la poêle et faire brièvement chauffer. Assaisonner avec du sel et du poivre du moulin. Verser la sauce sur les pâtes et servir.

Temps de préparation : 15 minutes
(Temps de cuisson en sus)
Par portion : 720 kcal/3 010 kj
P : 33 g, L : 20 g, G : 90 g

Spaghettis aux pleurotes fraîches

(à gauche)

Pour 4 personnes

450 g de spaghettis, sel
250 g de pleurotes
1 brin de romarin
Poivre, 80 g de beurre
75 g de parmesan
2 c.s. d'huile de colza pressée à froid

1. Faire cuire les spaghettis *al dente* dans une grande quantité d'eau salée bouillante selon les instructions figurant sur le paquet. Puis éliminer l'eau tout en en récupérant environ 2 c.s. et égoutter les pâtes.

2. Éplucher les pleurotes, les brosser pour qu'ils soient propres, si nécessaire les laver, mais les essuyer immédiatement, puis couper le chapeau des pleurotes en très fines lamelles.

3. Laver le romarin, l'égoutter, détacher les aiguilles de la tige et les hacher finement.

4. Mélanger les pâtes chaudes et égouttées avec du romarin, du sel, du poivre, du beurre et environ 2 c.s. d'eau de cuisson des pâtes. Râper le parmesan au-dessus de cette préparation et dresser sur des assiettes préchauffées.

5. Répartir ensuite les rondelles de champignons sur le dessus, verser quelques gouttes d'huile et servir immédiatement.

Temps de préparation : 10 minutes
(Temps de cuisson en sus)
Par portion : 648 kcal/2 720 kj
P : 22 g, L : 27 g, G : 78 g

Conseil : vous pouvez remplacer les pleurotes par des champignons de Paris. Mais le plat sera plus goûteux et plus noble avec des cèpes frais.

Pennes aux asperges sauvages *(à droite)*

Pour 4 personnes

500 g d'asperges sauvages
ou vertes
1 oignon, 50 g de jambon cru
40 g de beurre
¼ de piment séché
300 g de pennes, sel
200 ml de crème liquide
1 c.s. de concentré de tomates
Poivre
½ bouquet de persil

1. Laver les asperges sauvages et en ôter la partie inférieure. Laver les asperges vertes, couper les extrémités, éplucher le tiers inférieur et couper les morceaux de manière oblique. Couper l'oignon épluchés et le jambon en dés.

2. Faire chauffer le beurre dans une grande poêle et y faire saisir les dés de jambon et d'oignon. Ajouter les asperges et le piment, puis faire revenir le tout. Faire cuire les pâtes *al dente* dans de l'eau salée bouillante selon les instructions figurant sur le paquet.

3. Ajouter la crème liquide et le concentré de tomates aux légumes et laisser un peu réduire. Dès que la sauce est crémeuse, ajouter les pâtes égouttées, saler et poivrer, puis mélanger le tout avec précaution. Faire chauffer une nouvelle fois brièvement et saupoudrer de persil haché avant de servir.

Temps de préparation : 30 minutes
Par portion : 495 kcal/2 079 kj
P : 16 g, L : 22 g, G : 57 g

Pâtes avec filet de bœuf et sauce au mascarpone *(en bas)*

Pour 4 personnes

100 g de noix
750 g de poireaux
500 g de filet de bœuf
250 g de mascarpone
Sel
3 c.s. de vinaigre balsamique
2 jaunes d'œufs
4 c.s. d'huile
Poivre blanc
500 g de pâtes larges

1. Hacher grossièrement les noix. Éplucher le poireau et le laver, couper la partie blanche et la partie verte en rondelles d'environ ½ cm de largeur.

2. Laver et essuyer le filet de bœuf, le couper d'abord en tranches d'½ cm d'épaisseur, puis en lamelles.

3. Pour la sauce, mettre le mascarpone dans une casserole. Incorporer le sel et le vinaigre balsamique avec le fouet. Faire chauffer la préparation et y incorporer les jaunes d'œufs. La sauce doit alors être chauffée, mais elle ne doit pas bouillir afin que les jaunes d'œufs ne soient pas fermes.

4. Répartir l'huile dans 2 poêles et faire chauffer. Dans une poêle, faire revenir les filets de bœuf successivement pendant environ 1 à 2 minutes à feu vif. Et dans l'autre poêle, faire cuire le poireau pendant environ 4 à 5 minutes tout en remuant, puis ajouter les noix. Saler et poivrer la viande et le poireau.

5. Entre temps, faire cuire les pâtes *al dente* dans une grande quantité d'eau salée selon les instructions figurant sur le paquet, puis les égoutter.

6. Mélanger les pâtes avec le poireau et les filets, puis répartir la sauce au mascarpone sur ce plat.

Temps de préparation : 30 minutes
Par portion : 799 kcal/3 341 kj
P : 36 g, L : 43 g, G : 62 g

Spaghettinis avec sauce au fromage et aux légumes *(sans photo)*

Pour 4 personnes

200 g de tomates cerises
100 g de pois gourmands
1 noisette de beurre
300 g de spaghettinis
Sel, 1 c.s. d'huile
150 g de crème liquide
200 ml de vin blanc sec
150 g de fromage bleu
1 bouquet de persil
1 c.c. de jus de citron
Poivre du moulin
Poudre de piment

1. Laver les tomates et les couper en deux. Éplucher les pois gourmands, les laver et les couper en morceaux.

2. Faire fondre le beurre dans une casserole et y faire revenir les pois gourmands. Faire cuire les spaghettinis *al dente* dans de l'eau bouillante salée et avec de l'huile.

3. Porter la crème liquide à ébullition dans une casserole avec le vin blanc. Détailler grossièrement le fromage et le faire fondre dans la sauce.

4. Laver le persil, l'égoutter et le hacher finement. L'ajouter avec les tomates aux pois gourmands. Assaisonner la sauce au fromage avec du sel, du jus de citron, du poivre et un peu de poudre de piment. Égoutter les pâtes, puis les dresser sur des assiettes avec les légumes et la sauce au fromage.

Temps de préparation : 20 minutes
Par portion : 632 kcal/2 646 kj
P : 19 g, L : 30 g, G : 59 g

Pâtes avec saumon et roquette *(en bas)*

Pour 4 personnes

175 g de macaronis à l'épeautre
Sel
250 g de filet de saumon sauvage
Poivre, 2 c.s. de jus de citron
1 noisette de beurre
1 échalote
200 ml de crème liquide
1 bouquet de roquette
50 g de parmesan

1. Faire cuire les macaronis à l'épeautre *al dente* dans suffisamment d'eau salée bouillante. Laver et essuyer le filet de saumon sauvage, puis le couper en fines lamelles. L'assaisonner avec du sel, du poivre et du jus de citron.

2. Faire fondre du beurre dans une poêle. Éplucher l'échalote, la hacher et la faire revenir dans le beurre. Jeter l'eau de cuisson des pâtes, les égoutter et les ajouter à l'échalote. Verser la crème liquide dans la poêle et incorporer les lamelles de saumon. Laisser mijoter 5 minutes à feu moyen à basse température. Saler et poivrer.

3. Laver la roquette et la passer dans l'essoreuse à salade. Répartir les pâtes sur les assiettes et les servir garnies de roquette et de parmesan.

Temps de préparation : 30 minutes
Par portion : 467 kcal/1 961 kj
P : 23 g, L : 26 g, G : 33 g

Spaetzle avec boulettes de viande hachée *(à droite)*

Pour 4 personnes

2 oignons
50 g de champignons de Paris
200 g de viande hachée de bœuf
½ bouquet de persil fraîchement haché
1 c.s. de pecorino fraîchement râpé
2 c.s. de concentré de tomates
Sel
Poivre
¼ c.c. de paprika rose
1 gousse d'ail
3 c.s. d'huile
400 g de tomates en boîte
400 g de Spaetzle
Basilic pour la décoration

1. Éplucher et hacher les oignons. Éplucher les champignons et les hacher. Mélanger la viande hachée avec 1 oignon, les champignons, les fines herbes, le fromage et le concentré de tomates, puis assaisonner avec du sel, du poivre et de la poudre de paprika. Former des petites boulettes avec la pâte et les faire cuire dans 1 c.s. d'huile très chaude. Garder ensuite au chaud.

2. Éplucher et hacher l'ail. Le faire revenir avec le second oignon dans le reste d'huile chaude. Ajouter les tomates avec leur jus, les couper et assaisonner.

3. Entre temps, faire cuire les Spaetzle suivant les instructions figurant sur le paquet. Puis les égoutter et les mélanger à la sauce. Les présenter sur des assiettes, y déposer les boulettes de viande, garnir de basilic et servir.

Temps de préparation : 30 minutes
Par portion : 513 kcal/2 155 kj
P : 25 g, L : 13 g, G : 74 g

Pâtes à la sauce au citron *(en bas à droite)*

Pour 4 personnes

1 citron non traité
4 à 6 feuilles de sauge
6 c.s. d'huile d'olive
2 c.s. de farine, 250 ml de lait
250 ml de bouillon de légumes
400 g de pâtes plates, sel
125 ml de crème liquide
2 jaunes d'œufs, poivre
Rondelles de citron pour la décoration
Feuilles de sauge pour la décoration

1. Rincer le citron à l'eau chaude. Râper avec précaution le zeste du citron et le couper en fines lamelles. Presser ensuite le citron.

2. Laver et sécher les feuilles de sauge, puis les couper en fines lamelles. Les faire frire pendant 2 à 3 minutes dans de l'huile très chaude. Les extraire ensuite avec une écumoire. Faire revenir la farine dans l'huile, puis tout en remuant, ajouter 4 c.s. de jus de citron, la moitié du zeste de citron, le lait et le bouillon. Faire mijoter cette sauce pendant 10 minutes sans cesser de tourner.

3. Faire cuire les pâtes dans de l'eau salée bouillante suivant les instructions figurant sur le paquet. Battre les jaunes d'œufs avec la crème liquide, incorporer ce mélange dans la sauce chaude et retirer cette dernière du feu. Saler et poivrer.

4. Égoutter les pâtes et les dresser avec la sauce. Les servir garnies de rondelles de citron, de lamelles et de feuilles de sauge.

Temps de préparation : 25 minutes
Par portion : 696 kcal/2 909 kj
P : 18 g, L : 33 g, G : 76 g

Spaghettis aux poivrons, tomates et gorgonzola *(à droite)*

Pour 4 personnes

500 g de tomates fraîches
ou de tomates pelées en boîte
3 poivrons jaunes
2 c.s. d'huile d'olive
4 gousses d'ail finement hachées
400 g de spaghettis, sel
1 pincée d'origan effeuillé
1 pincée de poudre de piment
1 ciboule
150 g de gorgonzola
80 g de parmesan fraîchement râpé

1. Laver les tomates fraîches, les inciser en croix, en ôter la partie centrale dure, les ébouillanter, les peler, les épépiner et couper leur chair en morceaux. Laver les poivrons, les épépiner et les couper en lamelles.

2. Faire chauffer l'huile d'olive dans une grande poêle, y faire revenir l'ail brièvement. Ajouter les lamelles de poivrons, les faire cuire 5 minutes tout en remuant et saler. Faire cuire les spaghettis *al dente* dans de l'eau salée.

3. Ajouter les morceaux de tomates aux lamelles de poivrons et assaisonner avec de l'origan et du piment. Laisser réduire la sauce pendant 8 à 10 minutes, remuer de temps en temps et saler. Éplucher la ciboule, les laver et les couper en rondelles.

4. Dans un plat préchauffé, mélanger les spaghettis chauds et égouttés avec le gorgonzola émietté. Ajouter la sauce tomates-poivrons, bien mélanger le tout et garnir avec la ciboule. Saupoudrer de parmesan tout à la fin.

Temps de préparation : 30 minutes
Par portion : 643 kcal/2 701 kj
P : 29 g, L : 25 g, G : 75 g

Tagliatelles avec sauce au brocoli et au fromage frais
(à gauche)

Pour 4 personnes

600 g de brocoli
600 ml de bouillon de légumes
1 oignon
1 noisette de beurre
300 g de tagliatelles
Sel
100 g de fromage frais aux herbes
50 g de parmesan fraîchement râpé
Poivre

1. Éplucher et laver le brocoli, le détailler en petits bouquets. Couper les parties dures et les couper en morceaux. Faire cuire les bouquets pendant 4 minutes dans le bouillon. Puis les égoutter tout en récupérant le bouillon.

2. Éplucher l'oignon et le couper en petits dés ; faire fondre du beurre et y faire revenir les petits bouquets de brocoli. Déglacer avec 500 ml du bouillon et laisse cuire à couvert pendant 8 minutes.

3. Faire cuire les pâtes *al dente* dans suffisamment d'eau salée bouillante selon les instructions figurant sur le paquet.

4. Réduire le brocoli en purée dans le bouillon. Incorporer le fromage frais et 30 g de parmesan râpé ; ajouter les troncs du brocoli coupés en dés et porter de nouveau à ébullition. Saler et poivrer, puis présenter avec les pâtes égouttées, le poivre grossièrement moulu et le reste de parmesan.

Temps de préparation : 25 minutes
(Temps de cuisson en sus)
Par portion : 482 kcal/2 024 kj
P : 20 g, L : 20 g, G : 55 g

Pennes aux aubergines et au ricotta *(en bas)*

Pour 4 personnes

400 g de pennes
1 kg de petites courgettes
Sel
4 gousses d'ail
1 bouquet de basilic
2 à 3 c.s. d'huile d'olive
350 g de ricotta
Poivre
40 g de parmesan fraîchement râpé

1. Faire cuire les pâtes selon les instructions figurant sur le paquet. Équeuter les courgettes, les laver, les faire blanchir dans de l'eau salée bouillante pendant environ 2 minutes, jeter l'eau, les passer à l'eau froide et les couper en tranches d'1 cm d'épaisseur. Éplucher les gousses d'ail et les hacher finement. Laver et égoutter le basilic, puis l'émincer.

2. Faire chauffer l'huile d'olive et y faire revenir les rondelles de courgettes pendant environ 1 minute. Ajouter l'ail. Mélanger les courgettes avec les pâtes égouttées, le basilic et la ricotta, saler et poivrer. Saupoudrer de parmesan et servir.

Temps de préparation : 15 minutes
Par portion : 658 kcal/2 755 kj
P : 25 g, L : 26 g, G : 80 g

Pennes avec viande hachée aux aubergines *(sans photo)*

Pour 4 personnes

500 g de pennes
Sel
5 oignons
2 gousses d'ail
100 g d'aubergines
250 g de viande hachée d'agneau
Poivre du moulin
Poudre de paprika
3 noisettes de beurre
1 bouquet de basilic
100 ml de crème liquide
80 g de parmigiano peggiano râpé
Huile pour tourner les pâtes

1. Faire cuire les pâtes *al dente* dans une grande quantité d'eau salée pendant environ 15 minutes. Éplucher les oignons et les couper en dés. Éplucher les gousses d'ail et les presser. Équeuter les aubergines, les laver et les couper en dés.

2. Bien relever la viande hachée avec du sel, du poivre et de la poudre de paprika. Faire chauffer le beurre dans une poêle et y faire saisir la viande. Ajouter les oignons, l'ail et les aubergines. Saler et poivrer une nouvelle fois, puis continuer la cuisson pendant environ 7 minutes.

3. Laver et égoutter le basilic, puis le couper en lamelles. Mélanger la crème liquide avec le fromage et le basilic, puis incorporer cette préparation dans le mélange de viande hachée et de légumes. Égoutter les pâtes et les faire revenir dans un peu d'huile. Les présenter ensuite sur des assiettes avec la sauce et servir.

Temps de préparation : 30 minutes
Par portion : 840 kcal/3 528 kj
P : 35 g, L : 52 g, G : 59 g

Spaghettis carbonara
(en bas)

Pour 4 personnes

50 g de lard maigre
100 g de jambon cuit
1 gousse d'ail
2 noisettes de beurre
400 g de spaghettis, sel
40 g de parmesan, 40 g de pecorino
3 œufs, 100 ml de crème liquide
Poivre

1. Couper le lard et le jambon en petits dés. Éplucher l'ail et le hacher finement. Chauffer le beurre dans une poêle et y faire mijoter le lard. Ajouter l'ail et le faire également revenir pendant 3 minutes.

2. Faire cuire les spaghettis *al dente* dans de l'eau salée bouillante, jeter ensuite l'eau de cuisson et les égoutter. Ajouter les pâtes au lard dans la poêle et bien mélanger le tout.

3. Râper finement le parmesan et le pecorino. Battre les œufs avec la crème liquide et la moitié des deux sortes de fromages, puis saler et poivrer. Incorporer ensuite le jambon cuit. Ajouter ce mélange aux spaghettis, bien mélanger le tout jusqu'à ce que les œufs commencent à devenir fermes. Incorporer le reste du fromage dans les spaghettis et servir immédiatement.

Temps de préparation : 20 minutes
(Temps de cuisson en sus)
Par portion : 703 kcal/2 951 kj
P : 31 g, L : 33 g, G : 70 g

Pâtes avec sauce aux champignons et aux poireaux *(en bas)*

Pour 4 personnes

2 poireaux
250 g de champignons au choix
250 g de pâtes plates
Sel
2 noisettes de beurre
Poivre du moulin
1 pincée de poivre de Cayenne
125 ml de vin blanc sec
250 ml de crème liquide
Noix muscade fraîchement râpée
100 g de parmesan fraîchement râpé

1. Éplucher le poireau, le laver et le couper en fines rondelles. Éplucher les champignons, les laver et les essuyer. Séparer la tête de la tige des champignons. Couper les têtes en fines lamelles et les pieds en fines rondelles.

2. Faire cuire les pâtes *al dente* dans une grande quantité d'eau salée selon les instructions figurant sur le paquet. Jeter ensuite l'eau de cuisson, les égoutter et les garder au chaud.

3. Faire chauffer le beurre dans une grande poêle. Faire saisir à feu vif le poireau et les champignons pendant 5 minutes tout en tournant constamment. Assaisonner avec du sel, du poivre et du poivre de Cayenne. Verser le vin blanc et la crème liquide, laisser la sauce mijoter pendant 6 à 8 minutes, puis ajouter de la noix muscade.

4. Mélanger les pâtes avec la sauce, les présenter sur des assiettes préchauffées et proposer le parmesan en accompagnement.

Temps de préparation : 25 minutes
Par portion : 583 kcal/2 449 kj
P : 21 g, L : 32 g, G : 49 g

Spaghettis avec pesto et filet de poisson fin

(en haut à droite)

Pour 4 personnes

100 g de pignons de pin
130 ml d'huile d'olive
3 gousses d'ail pelées
50 g de feuilles de basilic
50 g de parmesan râpé
Sel, poivre
400 g de spaghettis
250 g de tomates
400 g de loup de mer, de flétan ou de carrelet
Basilic pour la décoration

1. Réduire les pignons en purée au mixer avec 100 ml d'huile d'olive, l'ail et les feuilles de basilic lavées. Mélanger le parmesan avec le pesto, saler et poivrer.

2. Faire cuire les spaghettis *al dente* selon les instructions figurant sur le paquet. Puis jeter l'eau de cuisson, passer les pâtes sous l'eau froide, les égoutter et y verser 1 c.s. d'huile d'olive.

3. Laver les tomates, les inciser en croix, les ébouillanter, les peler, les épépiner et couper leur chair en dés. Saler et poivrer les filets de poissons et les faire dorer des deux côtés dans le reste d'huile d'olive.

4. Faire chauffer les spaghettis, bien les mélanger avec le pesto, les dresser sur des assiettes et les garnir avec les dés de tomates. Poser un filet de poisson frit sur chaque portion. Garnir avec du basilic.

Temps de préparation : 30 minutes
Par portion : 859 kcal/3 590 kj
P : 49 g, L : 47 g, G : 74 g

Pâtes avec farce *(en bas)*

Pour 4 personnes

20 de grandes coquilles
1 botte de ciboule
3 gousses d'ail
3 c.s. d'huile d'olive
500 g de chair d'écrevisses
350 g de pointes d'asperges en boîte ou bocal
½ bouquet de basilic
½ bouquet de persil
100 g de parmesan râpé
Sel
Poivre
150 ml de bouillon de légumes
Beurre pour le moule

1. Préparer les pâtes selon les instructions figurant sur le paquet. Éplucher les ciboules, les laver et les couper en fines rondelles. Éplucher les gousses d'ail et les hacher finement.

2. Chauffer l'huile et y faire étuver les ciboules avec l'ail. Ajouter la chair d'écrevisse. Égoutter les asperges et les ajouter aux ciboules.

3. Laver les fines herbes, les essuyer et les hacher finement. Les mélanger avec le parmesan. Assaisonner le tout avec le sel et le poivre. Préchauffer le four à 180 °C (chaleur tournante 160 °C).

4. Égoutter les pâtes et les remplir de la farce. Beurrer un moule allant au four et y verser les pâtes. Ajouter ensuite la préparation de légumes. Saupoudrer dessus le mélange de fines herbes. Faire gratiner le tout au four sur la glissière médiane pendant environ 15 minutes.

Temps de préparation : 15 minutes
(Temps de cuisson au four en plus)
Par portion : 739 kcal/3 090 kj
P : 36 g, L : 28 g, G : 80 g

2. Éplucher la gousse d'ail et la hacher. La réduire ensuite en purée avec le concentré de tomates, le ketchup, les câpres et l'huile d'olive ; saler, poivrer et sucrer.

3. Équeuter le piment, le laver, l'épépiner et le hacher finement. L'ajouter à la purée. Laver et égoutter le persil, puis hacher les petites feuilles. Mélanger les pâtes et petits pois chauds avec de la sauce au piment, les olives noires et le persil, pus râper le parmesan au-dessus de cette préparation.

Temps de préparation : 15 minutes
(Temps de cuisson en sus)
Par portion : 510 kcal/2 142 kj
P : 22 g, L : 15 g, G : 83 g

Pennes all'arrabbiata *(en haut)*

Pour 4 personnes

400 g de pennes
Sel
300 g de petits pois décongelés
1 gousse d'ail
30 g de concentré de tomates
1 c.s. de ketchup
2 c.c. de câpres
2 c.s. d'huile d'olive
Poivre
1 pincée de sucre
1 piment rouge
½ bouquet de persil
80 g d'olives noires dénoyautées
40 g de parmesan

1. Faire cuire les pâtes *al dente* dans de l'eau salée. 2 minutes avant la fin de la cuisson, ajouter les petits pois aux pâtes. Jeter ensuite l'eau de cuisson et égoutter.

Spaghettis avec pesto *(à gauche)*

Pour 4 personnes

1 c.s. de pignons de pin
1 ½ bouquet de basilic
1 gousse d'ail
Sel
3 c.s. de parmesan
60 ml d'huile d'olive
Poivre
500 g de spaghettis

1. Faire griller les pignons dans une poêle sans graisse. Détacher les feuilles de basilic des tiges, les laver et les essuyer. Éplucher l'ail et le hacher grossièrement.

2. Passer le basilic, l'ail, le sel et les pignons au mixer pour en faire une pâte. Ajouter le parmesan et l'huile d'olive, puis poivrer.

3. Faire cuire les spaghettis *al dente* dans une grande quantité d'eau salée selon les instructions figurant sur le paquet. Mélanger avec le pesto et servir. Ajouter éventuellement un peu de l'eau de cuisson des pâtes si le plat n'était pas assez moelleux.

Temps de préparation : 30 minutes
Par portion : 518 kcal/2 176 kj
P : 17 g, L : 11 g, G : 86 g

Conseil : le pesto existe sous différentes formes. Pour un pesto au cresson, il faut remplacer le basilic par du cresson. Quant au pesto aux amandes et au persil, il s'obtient en remplaçant le basilic et les pignons par du persil et des amandes hachées. Et la recette de base peut également se transformer en pesto fruité aux tomates avec des tomates séchées et trempées auparavant dans de l'eau chaude.

Pâtes Funghi

(en bas à gauche)

Pour 4 personnes

500 g de champignons de Paris
2 gousses d'ail
1 oignon, sel
400 g de pâtes plates
2 noisettes de beurre
2 c.c. de poudre de paprika piquant rose
250 ml de bouillon de légumes
125 g de crème fraîche, poivre
2 c.s. de jus de citron
1 bouquet de persil

1. Éplucher les champignons et les émincer. Éplucher l'ail et l'oignon, puis les couper en dés fins. Dans une grande casserole, porter à ébullition environ 3 l d'eau avec 1 pincée de sel et y faire cuire les pâtes *al dente* selon les instructions figurant sur le paquet.

2. Faire fondre le beurre dans une grande poêle et y faire blondir les dés d'oignon. Ajouter les dés d'ail. Verser ensuite les champignons et faire cuire à feu moyen pendant environ 5 minutes. Assaisonner avec du paprika. Ajouter le bouillon de légumes et faire réduire de moitié à feu vif. Affiner avec de la crème fraîche, puis saler, poivrer et ajouter du jus de citron.

3. Laver et égoutter le persil, puis le hacher finement. En incorporer la moitié dans la sauce aux champignons. Jeter l'eau de cuisson des pâtes, les égoutter et les présenter sur des assiettes préchauffées. Verser la sauce sur les pâtes, saupoudrer le tout de persil et servir.

Temps de préparation : 30 minutes
Par portion : 475 kcal /1 995 kj
P : 17 g, L : 13 g, G : 71 g

Pâtes avec sardines
(en haut)

Pour 4 personnes

8 filets de sardines, 1 fenouil
2 gousses d'ail, ½ piment rouge
4 c.s. d'huile d'olive
350 g de linguines, sel
Zeste râpé d'un citron non traité
1 c.s. de jus de citron
2 c.s. de pignons de pin grillés
3 c.s. de persil fraîchement haché
Poivre

1. Laver et essuyer les filets de sardine, puis les hacher grossièrement. Éplucher le fenouil, le laver et le râper en fines tranches. Éplucher l'ail et le couper en fines rondelles. Laver et essuyer le piment, l'épépiner et le couper en dés fins.

2. Faire chauffer 2 c.s. d'huile d'olive, ajouter l'ail et les dés de piment et faire étuver. Incorporer ensuite la fenouil, continuer à faire étuver pendant 5 autres minutes, puis ajouter les sardines. Continuer la cuisson pendant 4 autres minutes.

3. Entre temps, faire cuire les pâtes *al dente* dans une grande quantité d'eau salée selon les instructions figurant sur le paquet. Jeter l'eau de cuisson et égoutter. Mélanger le zeste et le jus de citron, les pignons, le persil, le sel et le poivre avec les sardines. Ajouter le tout aux pâtes avec le reste d'huile et mélanger avec précaution.

Temps de préparation : 30 minutes
Par portion : 458 kcal/1 917 kj
P : 23 g, L : 12 g, G : 62 g

Coquilles farcies
(en haut à droite)

Pour 4 personnes

20 grandes coquilles
700 g de filets de saumon
Jus de citron
Sel
Poivre
200 g de céleri-branches
4 échalotes
2 c.s. de câpres
4 c.s. d'huile d'olive
3 c.s. de pesto (produit industriel)
5 c.s. de fond de poisson

1. Préparer les coquilles selon les instructions figurant sur le paquet. Laver et essuyer le poisson, le couper en petits morceaux, verser quelques gouttes de citron dessus, puis le saler et le poivrer. Éplucher le céleri, le laver et le couper en morceaux. Éplucher les échalotes et les couper en dés. Égoutter les câpres.

2. Faire chauffer l'huile et y faire revenir les morceaux de poisson. Ajouter le céleri-branches, les échalotes et les câpres, puis assaisonner le tout avec le sel et le poivre. Incorporer le pesto. Verser le fond de poisson et laisser s'imprégner pendant 4 autres minutes.

3. Égoutter les pâtes et les remplir avec la farce au poisson. Présenter le tout sur des assiettes et servir.

Temps de préparation : 25 minutes
Par portion : 706 kcal/2 953 kj
P : 27 g, L : 43 g, G : 44 g

Pâtes avec crème aux chanterelles

(sans photo)

Pour 4 personnes

500 g de pâtes plates complètes
1 ½ l de bouillon de cèpes
1 poireau, 300 g de chanterelles
2 c.s. d'huile de sésame
60 ml de bouillon de légumes
Sel, poivre
250 g de yaourt

1. Faire cuire les pâtes dans le bouillon selon les instructions figurant sur le paquet. Éplucher le poireau, le laver et le couper en rondelles.

2. Éplucher les chanterelles, les laver et les émincer. Faire chauffer l'huile dans une poêle et y faire étuver le poireau et les champignons pendant environ 10 minutes.

3. Ajouter le bouillon de légumes et assaisonner avec du sel et du poivre. Réduire le tout en purée avec un mixer.

4. Incorporer le yaourt et faire chauffer. Égoutter les pâtes et servir avec la crème aux champignons.

Temps de préparation : 20 minutes
Par portion : 583 kcal/2 449 kj
P : 21 g, L : 32 g, G : 49 g

Filets de canard au marsala *(en bas)*

Pour 4 personnes

2 filets de canard
Sel, poivre
4 c.s. de beurre clarifié
350 g de spaghettis
½ bouquet de basilic
125 ml de fond de canard
200 ml de marsala
3 c.s. de concentré de tomates
150 g de crème fraîche
Fines herbes fraîches pour la décoration
Beurre pour le moule

1. Laver et essuyer les filets de canard. Inciser leur peau en croix. Préchauffer le four à 160 °C (chaleur tournante 140 °C). Saler et poivrer vigoureusement.

2. Faire chauffer le beurre et y faire cuire les filets des deux côtés pendant environ 5 minutes. Beurrer un moule allant au four et y déposer les filets de canard avec le côté peau vers le haut.

3. Faire cuire les pâtes selon les instructions figurant sur le paquet. Laver et essuyer le basilic, l'émincer et le répartir sur le viande. Verser le fond et le marsala, puis faire cuire le tout au four sur la glissière médiane pendant environ 15 minutes. Juste avant la fin de la cuisson, mettre en marche le grill afin que la peau des magrets soit bien croustillante.

4. Égoutter les pâtes et les répartir sur des assiettes. Couper la viande en tranches et les disposer sur les pâtes. Garnir de fines herbes et servir.

Temps de préparation : 30 minutes
(Temps de cuisson en sus)
Par portion : 640 kcal/2 688 kj
P : 24 g, L : 19 g, G : 90 g

4. Ajouter les spaghettis aux crevettes dans la poêle. Compléter avec le persil et mélanger bien le tout à feu doux. Saupoudrer de poivre fraîchement moulu à la fin.

Temps de préparation : 30 minutes
Par portion : 503 kcal/2 113 kj
P : 26 g, L : 11 g, G : 71 g

Spaghettis aux crevettes et aux poivrons (en haut)

Pour 4 personnes

250 g de crevettes prêtes à l'emploi
1 petit oignon
½ poivron jaune
6 c.s. d'huile d'olive
Sel
400 g de spaghettis
50 ml de vin blanc
1 c.s. de persil haché
Poivre blanc

1. Laver et essuyer les crevettes. Couper en dés l'oignon épluché et en fines lamelles le poivron préalablement lavé. Faire chauffer 3 c.s d'huile, y faire blondir les dés d'oignon et ajouter les lamelles de poivron. Saler et faire étuver à feu doux.

2. Entre temps, faire cuire les pâtes *al dente* dans suffisamment d'eau salée selon les instructions figurant sur le paquet. Puis éliminer l'eau de cuisson en en récupérant un peu et égoutter les pâtes.

3. Faire chauffer le reste d'huile dans une grande poêle, y faire revenir brièvement les crevettes, verser le vin, saler et faire bouillir pendant 3 minutes à feu vif. Ajouter les lamelles de poivron étuvées et porter de nouveau brièvement à ébullition.

Macaronis à la sicilienne et au piment (en bas)

Pour 4 personnes

4 piments rouges
1 oignon
1 gousse d'ail
2 c.s. d'herbes italiennes finement hachées, par ex. romarin, sauge, basilic
1 c.s. d'huile de piment
3 c.s. d'huile d'arachide
200 g de tomates concarrées
Sel, poivre de Cayenne
500 ml de bouillon de légumes
5 c.s. de jus de raisin rouge
1 c.s. de vinaigre de pommes

2 c.s. de câpres
3 c.s. de crème fraîche
Sauce piquante selon les goûts (produit industriel)
500 g de macaronis

1. Équeuter les piments, les couper en deux, les épépiner, les laver et les détailler en petits dés.

2. Éplucher l'oignon et l'ail, puis les couper en petits dés. Faire revenir les dés de piment avec l'oignon, l'ail et les fines herbes jusqu'à ce que l'oignon ait blondi. Verser les tomates à pizza et assaisonner le tout avec du sel et du poivre de Cayenne.

3. Ajouter le bouillon, le jus de raisin, le vinaigre de pomme et les câpres, puis faire mijoter le tout ensemble à feu doux pendant environ 10 minutes.

4. Affiner la sauce avec de la crème fraîche et ajouter selon les goûts de la sauce piquante. Entre temps, préparer les pâtes selon les instructions figurant sur le paquet et les dresser ensuite avec la sauce.

Temps de préparation : 15 minutes
(Temps de cuisson en sus)
Par portion : 636 kcal/2 671 kj
P : 15 g, L : 15 g, G : 81 g

Pennes avec crème au fenouil *(en haut)*

Pour 4 personnes

200 g de pennes
2 fenouils
200 g de pommes de terre douces en bocal
3 à 4 c.s. d'huile d'olive
Sel, poivre
Poudre d'anis, de clous de girofle et de piment Jamaïque
500 ml de fond de légumes (produit industriel)
4 à 5 c.s. de crème fraîche
100 g d'appenzell râpé
Graisse pour le moule

1. Préparer les pâtes selon les instructions figurant sur le paquet. Éplucher les fenouils, les laver et les hacher finement ainsi que la partie verte. Mettre les pommes de terre dans une passoire et bien les égoutter. Les couper en dés.

2. Faire chauffer l'huile et y faire mijoter les légumes pendant environ 10 minutes. Les écraser avec une fourchette et bien les assaisonner avec des aromates. Ajouter le fond de légumes et faire mijoter le tout à feu doux pendant environ 2 à 3 minutes. Incorporer ensuite la crème fraîche.

3. Préchauffer le four à 220 °C (chaleur tournante 200 °C). Graisser un moule plat allant au four. Y répartir les pâtes et verser la crème aux fenouils dessus. Saupoudrer le tout de fromage et faire gratiner sur la glissière supérieure pendant environ 5 à 6 minutes.

Temps de cuisson : 30 minutes
Par portion : 293 kcal/1 229 kj
P : 18 g, L : 17 g, G : 17 g

Pennes avec sauce aux légumes de printemps *(à droite)*

Pour 4 personnes

500 g de pennes rigates
4 carottes nouvelles
200 g de bouquets de brocoli
Sel
200 g de petits pois congelés
200 g de champignons de Paris
6 c.s. de vin blanc sec
2 c.s. de cerfeuil fraîchement haché
Poivre
300 g de yaourt nature
1 c.s. de parmesan fraîchement râpé

1. Préparer les pâtes selon les instructions figurant sur le paquet. Éplucher les carottes et les couper en fines lamelles. Faire cuire les bouquets de brocoli et les lamelles de carottes dans de l'eau salée bouillante pendant environ 5 à 7 minutes, les retirer et faire mijoter les petits pois congelés dans l'eau pendant 3 à 4 minutes. Jeter l'eau et égoutter.

2. Éplucher les champignons, les frotter, les couper en quatre et les faire mijoter avec le vin blanc et le cerfeuil pendant environ 10 à 12 minutes tout en tournant. Saler et poivrer. Mélanger avec les légumes et faire chauffer.

3. Mélanger le yaourt nature avec les légumes et les pâtes égouttées, puis saupoudrer le tout de parmesan fraîchement râpé.

Temps de préparation : 30 minutes
Par portion : 500 kcal/2 093 kj
P : 23 g, L : 7 g, G : 88 g

Tagliatelles avec saumon fumé

(en bas à droite)

Pour 4 personnes

400 g de tagliatelles noires, sel
3 brins d'aneth
500 ml de crème liquide
4 cl de Noilly Prat
Poivre de Cayenne
Poivre
400 g de saumon fumé

1. Faire cuire les pâtes *al dente* dans une grande quantité d'eau salée selon les instructions figurant sur le paquet. Jeter ensuite l'eau et égoutter les pâtes. Laver et essuyer l'aneth, en hacher grossièrement 2 branches.

2. Laisser réduire la crème liquide avec le vermout et la branche restante d'aneth pour obtenir une consistance velouteuse. Retirer ensuite la branche et assaisonner la sauce avec du sel, du poivre de Cayenne et du poivre noir. Couper le saumon fumé en tranches et l'ajouter à la sauce avec l'aneth haché. Mélanger les pâtes avec la sauce et servir.

Temps de préparation : 30 minutes
Par portion : 855 kcal/3 591 kj
P : 35 g, L : 47 g, G : 73 g

Tortellinis à la sauce au fromage (à droite)

Pour 4 personnes

350 g de tortellinis, sel
1 oignon
4 petites feuilles de sauge
Respectivement 50 g de mozzarella, de gorgonzola, de brie et de gouda
2 noisettes de beurre
100 ml de crème liquide
Poivre
150 g de tomates cocktail

1. Faire cuire les pâtes *al dente* dans de l'eau salée selon les instructions figurant sur le paquet. Les verser ensuite dans une passoire et les égoutter. Éplucher l'oignon et le hacher finement. Laver et essuyer la sauge, puis la couper en fines lamelles. Couper le fromage grossièrement.

2. Faire fondre 1 noisette de beurre dans une grande casserole et y faire blondir les dés d'oignon. Verser la crème liquide. Ajouter le fromage et le faire fondre lentement à feu doux tout en remuant constamment. Assaisonner la sauce avec du sel et du poivre.

3. Laver et essuyer les tomates, puis les couper en deux. Faire fondre le reste de beurre dans une poêle. Y faire étuver brièvement les tomates et la sauge, puis saler et poivrer.

4. Dresser les pâtes sur des assiettes préchauffées, verser la sauce dessus, puis y déposer les tomates et servir.

Temps de préparation : 30 minutes
Par portion : 320 kcal/1 344 kj
P : 15 g, L : 25 g, G : 9 g

Cannellonis façon jardinière *(à droite)*

Pour 4 personnes

500 g d'épinards en branches
100 g de jambon cru légèrement salé
125 g de mozzarella
1 brin d'origan
2 gousses d'ail
150 g de ricotta
Sel, poivre du moulin
200 g de cannellonis
1 jaune d'œuf
50 g de pecorino râpé
5 c.s. d'huile d'olive
80 g de sauce béchamel (produit industriel)
Beurre pour le moule

1. Laver les épinards et les égoutter. Couper le jambon en lamelles. Égoutter la mozzarella et la couper en dés. Laver et égoutter l'origan, puis le hacher. Éplucher les gousses d'ail et les presser. Mélanger la ricotta et la mozzarella avec les épinards, le jambon, l'origan et l'ail. Saler et poivrer. Préchauffer le four à 250 °C (chaleur tournante 220 °C).

2. Remplir les cannellonis de la farce d'épinards et de jambon. Beurrer de façon homogène un moule allant au four. Y déposer les cannellonis. Battre le jaune d'œuf avec le pecorino, l'huile et la sauce béchamel. Répartir le mélange au-dessus des pâtes. Saler et poivrer. Faire dorer sur la glissière médiane du four.

Temps de préparation : 15 minutes
(Temps de cuisson au four en sus)
Par portion : 703 kcal/2 955 kj
P : 38 g, L : 32 g, G : 52 g

Spaghettis avec pesto aux tomates *(à gauche)*

Pour 4 personnes

100 g de tomates séchées, sel
50 g d'amandes
60 g de pignons de pin
80 g de parmesan râpé
½ bouquet de persil
1 bouquet de basilic
Poivre, sucre
1 à 2 c.s. de vinaigre balsamique
400 g de spaghettis

1. Faire cuire les tomates dans un peu d'eau salée pendant 5 minutes. Les retirer, les égoutter et réserver 150 ml de l'eau de cuisson. Faire dorer les amandes et les pignons dans une poêle sans graisse. Les réduire en purée fine avec les tomates et le

parmesan, puis ajouter peu à peu l'eau des tomates.

2. Laver et essuyer le persil et le basilic, les hacher finement et les mélanger au pesto. Assaisonner avec du sel, du poivre, du sucre et du vinaigre balsamique.

3. Entre temps, faire cuire les spaghettis *al dente*. Jeter l'eau de cuisson, passer les pâtes à l'eau froide et les égoutter. Les mélanger avec le pesto, dresser et servir.

Temps de préparation : 25 minutes
Par portion : 605 kcal/2 541 kj
P : 25 g, L : 24 g, G : 70 g

Pâtes vertes avec jambon de Parme et sauce au fromage et au céleri *(à gauche)*

Pour 4 personnes

500 g de céleri-rave, sel
3 c.s. de jus de citron
250 g de pâtes plates vertes
100 ml de lait
100 ml de crème liquide
75 g de gorgonzola
Poivre fraîchement moulu
Noix muscade râpée
75 g de jambon de Parme en fines tranches
100 g d'olives noires dénoyautées

1. Éplucher le céleri, le laver et le couper grossièrement en dés. Faire bouillir une grande quantité d'eau dans une grande casserole avec ajouter du sel et 2 c.s. de jus de citron. Ajouter le céleri, porter de nouveau à ébullition et poursuivre la cuisson à feu moyen pendant environ 10 minutes.

2. Extraire le céleri avec une écumoire, puis remettre l'eau de cuisson des pâtes sur la plaque. Porter à ébullition et y faire cuire les pâtes *al dente* selon les instructions figurant sur le paquet.

3. Dans une deuxième casserole, porter à ébullition le céleri avec le lait, la crème liquide et le gorgonzola tout en remuant. Réduire ensuite en purée. Chauffer la sauce, mais ne plus la faire bouillir. Assaisonner avec le reste de jus de citron, le sel, le poivre et la noix muscade.

4. Jeter l'eau des pâtes, les égoutter brièvement et les mélanger avec la sauce alors qu'elles sont encore très chaudes. Les répartir sur des assiettes préchauffées. Détailler les tranches de jambon à la main en petits morceaux et les répartir sur les pâtes avec les olives.

Temps de préparation : 30 minutes
Par portion : 445 kcal/1 869 kj
P : 19 g, L : 19 g, G : 49 g

Pâtes au curry *(sans photo)*

Pour 4 personnes

300 g de conchiglies (coquilles)
Sel
2 à 3 c.s. d'huile au piment
1 c.s. de poudre de curry piquant
1 mangue
2 à 3 piments séchés
3 ciboules
1/2 c.c. de poivre citronné
250 ml de bouillon de légumes
1/4 bouquet de coriandre
2 à 3 c.s de noix de Cajou

1. Faire cuire les pâtes *al dente* dans de l'eau bouillante salée. Éliminer ensuite l'eau de cuisson, passer les pâtes sous l'eau froide et bien les égoutter.

2. Chauffer l'huile au piment et y faire revenir la poudre au curry. Éplucher la mangue, la détacher du noyau et couper la chair en dés.

3. Écraser les piments dans le mortier. Éplucher les ciboules, les laver et les couper en rondelles.

4. Ajouter les ciboules ainsi que les piments et les dés de mangue à la poudre de curry dans la poêle. Bien faire revenir le tout et assaisonner avec du poivre citronné. Ajouter le bouillon de légumes et porter brièvement à ébullition.

5. Laver les feuilles vertes du coriandre, les égoutter et les hacher finement. Hacher également finement les noix de Cajou. Ajouter ces deux ingrédients à la préparation au curry. Y verser ensuite les pâtes et dresser le tout sur des assiettes.

Temps de préparation : 20 minutes
Par portion : 599 kcal/2 516 kj
P : 19 g, L : 25 g, G : 67 g

Pâtes à la sauce aux champignons
(en bas)

Pour 4 personnes

500 g de pâtes plates
2 noisettes de beurre
2 gousses d'ail, 1 oignon
500 g de champignons de Paris
Poudre de paprika
Safran
250 ml de bouillon de légumes
125 g de crème fraîche
Sel, poivre
2 c.s. de jus de citron
1 bouquet de persil

1. Préparer les pâtes selon les instructions figurant sur le paquet. Chauffer le beurre. Éplucher les gousses d'ail et les couper en dés. Éplucher l'oignon et le couper également en dés. Faire ensuite revenir l'ail et l'oignon dans le beurre.

2. Éplucher les champignons, les frotter et les couper en fines lamelles. Les ajouter à l'oignon et à l'ail et faire cuire le tout environ 5 minutes. Assaisonner avec de la poudre de paprika et du safran.

3. Verser le bouillon de légumes et faire réduire de moitié à feu vif. Incorporer la crème fraîche, saler, poivrer et ajouter du jus de citron.

4. Laver le persil, l'égoutter et le hacher finement. En incorporer la moitié dans la sauce, saupoudrer l'autre moitié sur le plat.

Temps de préparation : 30 minutes
Par portion : 475 kcal/1 988 kj
P :17 g, L : 13 g, G : 71 g

Pâtes à la sauge *(en haut)*

Pour 4 portions

150 g de fromage piquant à pâte dure
200 g de pâtes plates, sel
10 feuilles de sauge fraîches
2 noisettes de beurre, Poivre

1. Râper le fromage. Faire cuire les pâtes *al dente* dans une grande quantité d'eau salée selon les instructions figurant sur le paquet. Jeter ensuite l'eau de cuisson et les égoutter.

2. Laver et essuyer les feuilles de sauge, puis les émincer. Chauffer le beurre dans une poêle et y faire revenir la sauge.

3. Ajouter les pâtes à la sauge et les y tourner brièvement. Les mélanger ensuite avec le fromage râpé dans un plat préchauffé. Saupoudrer de poivre noir et servir.

Temps de préparation : 25 minutes
Par portion : 328 kcal/1 378 kj
P : 18 g, L : 12 g, G : 35 g

Orecchiettes avec gros haricots *(en bas)*

Pour 4 personnes

500 g de gros haricots en grains (congelés)
Sel
200 g de pancetta en fines tranches (lard maigre salé italien)
3 gousses d'ail
2 bouquets de roquette
200 g de fromage de brebis
400 g d' orecchiettes
1 c.s. d'huile d'olive
Poivre

1. Faire cuire les haricots en grains pendant 6 minutes dans de l'eau salée, jeter l'eau de cuisson, les passer sous l'eau froide et les égoutter. Presser les grains hors de leur enveloppe.

2. Couper la pancetta en dés grossiers, éplucher l'ail et le presser. Éplucher la roquette, la laver et la passer dans l'essoreuse à salade. Détailler les feuilles en morceaux, émietter le fromage de brebis.

3. Faire cuire les orecchiettes dans suffisamment d'eau salée bouillante selon les instructions figurant sur le paquet. Faire revenir la pancetta dans de l'huile pour qu'elle soit croustillante, ajouter les haricots en grains et l'ail, saler et poivrer.

4. Égoutter les orecchiettes et les mélanger dans un plat avec les autres ingrédients. Les servir saupoudrées de poivre grossièrement moulu.

Temps de préparation : 30 minutes
Par portion : 649 kcal/2 720 kj
P : 42 g, L : 21 g, G : 71 g

le tout à feu doux pendant environ 5 minutes.

3. Mélanger la crème liquide dans la sauce aux champignons. Laver et égoutter le persil, puis le hacher. En incorporer la moitié dans la préparation et saupoudrer l'autre moitié sur la sauce.

Temps de préparation : 30 minutes
Par portion : 592 kcal/2 478 kj
P : 22 g, L : 23 g, G : 71 g

Pennes avec sauce au thon et à la tomate
(en bas)

Pour 4 personnes

400 g de pennes, sel
2 oignons, 1 à 2 gousses d'ail
2 à 3 piments séchés

Spaghettinis à la sauce aux shiitake
(en haut)

Pour 4 personnes

500 g de spaghettinis
1 noisette de beurre
100 g de lard fumé, 1 oignon
500 g de champignons shiitake
Sel, poivre
250 ml de crème liquide
½ bouquet de persil plat

1. Préparer les pâtes selon les instructions figurant sur le paquet. Faire chauffer le beurre. Couper le lard fumé en dés et le faire revenir dans le beurre. Éplucher l'oignon, le hacher, l'ajouter et le faire étuver avec le lard.

2. Éplucher les champignons shiitake, les laver et les émincer. Les ajouter et les faire revenir tout en remuant. Saler et poivrer, puis faire mijoter

3 c.s. d'huile
1 grande boîte de tomates pelées
50 g d'olives noires
50 g de câpres
Poivre
1 c.s. de sucre
1 bouquet de persil plat
2 boîtes de thon

1. Faire cuire les pâtes dans un grande quantité d'eau salée bouillante selon les instructions figurant sur le paquet. Éplucher les oignons et l'ail, puis les couper en dés fins. Hacher finement le piment. Faire blondir les oignons dans de l'huile très chaude. Ajouter l'ail et le piment, puis faire étuver.

2. Ajouter les tomates avec le liquide et laisser réduire sans couvercle pendant environ 10 minutes. Dénoyauter les olives et les verser dans la sauce avec les câpres égouttées. Assaisonner avec du sel, du poivre et du sucre.

3. Laver et égoutter le persil, puis le hacher finement. Égoutter le thon et le détailler grossièrement. Mélanger ces deux ingrédients dans la sauce avant de servir et présenter le tout avec les pâtes.

Temps de préparation : 30 minutes
Par portion : 739 kcal/3 090 kj
P : 36 g, L : 28 g, G : 80 g

Pâtes au brocoli *(en haut)*

Pour 4 personnes

400 g de brocoli
1 c.s. d'amandes effilées
1 oignon
200 g de gorgonzola
400 g de coquillettes
Sel
1 c.s. d'huile d'olive
125 ml de crème liquide
Poivre
Noix muscade
1 petite barquette de cresson

1. Éplucher et laver le brocoli, puis en détacher les bouquets. Faire griller les amandes effilées dans une poêle sans graisse. Éplucher l'oignon et le couper en dés. Détailler le gorgonzola en morceaux.

2. Faire cuire les pâtes *al dente* dans un grande quantité d'eau salée bouillante. Dans une seconde casserole, faire blanchir les bouquets de brocoli dans de l'eau salée bouillante pendant environ 2 à 3 minutes. Éliminer ensuite l'eau des deux casseroles, passer les pâtes et le brocoli sous l'eau froide et bien les égoutter.

3. Faire chauffer l'huile et y faire blondir les dés d'oignon. Ajouter la crème liquide et la porter à ébullition. Ajouter les morceaux de gorgonzola à la sauce et les laisser fondre à feu doux. Assaisonner la sauce avec du sel, du poivre et de la noix muscade.

4. Faire chauffer le tout doucement. Couper le cresson dans la barquette, le laver, l'essuyer et servir les pâtes immédiatement garnies de ce cresson et d'amandes effilées.

Temps de préparation : 30 minutes
Par portion : 610 kcal/2 565 kj
P : 22 g, L : 37 g, G : 49 g

Pâtes avec tomates et saumon *(en haut)*

Pour 4 personnes

100 g de roquette
50 g de lard maigre
3 filets d'anchois
400 g de tomates cocktail
4 échalotes, 2 gousses d'ail
350 g de filet de saumon sans peau
2 c.s. d'huile d'olive, sel
300 g de linguines ou de spaghettis
Poivre

1. Trier, laver et essuyer la roquette. Ne pas utiliser les petites feuilles, mais détailler les grandes grossièrement en morceaux. Répartir la roquette sur 4 assiettes. Couper le lard en petits dés. Rincer les anchois à l'eau froide pour qu'ils ne soient pas trop salés, les essuyer et les hacher finement.

2. Laver et essuyer les tomates, puis les couper en quatre. Découper la chair avec les pépins à l'intérieur et la hacher grossièrement. Ne pas toucher au reste de tomates. Éplucher les échalotes et l'ail, puis les couper en dés fins. Rincer le poisson à l'eau froide, l'essuyer et le couper en gros dés de 1 à 2 cm.

3. Chauffer l'huile dans une grande poêle. Y faire frire le lard à feu moyen jusqu'à ce qu'il devienne croustillant. Faire cuire les pâtes *al dente* selon les instructions figurant sur le paquet. Ajouter les échalotes et l'ail au lard, puis faire blondir à l'étuvée. Ajouter ensuite les dés de poisson et les faire frire pendant environ 2 minutes. Verser le tout dans un grand plat préchauffé.

4. Mettre les quarts de tomates avec la chair hachée et les anchois dans la poêle et porter brièvement à ébullition. Ajouter cette préparation au saumon dans le plat. Mélanger les pâtes égouttées avec le saumon et les tomates. Dresser sur la salade, poivrer et servir.

Temps de préparation : 30 minutes
Par portion : 463 kcal/1 945 kj
P : 32 g, L : 12 g, G : 56 g

Pâtes vertes à la sauce aux champignons

(en haut à droite)

Pour 4 personnes

750 g de champignons de Paris
800 g d'oignons
150 g de lard maigre, 1 c.s. d'huile
400 g de pâtes plates vertes, sel
400 g de crème fraîche
¼ l de bouillon
Poivre du moulin
1 bouquet de basilic
50 g de parmesan

1. Éplucher, laver et essuyer les champignons, puis les émincer. Éplucher les oignons, les couper en deux et les couper en rondelles.

2. Couper le lard en fines lamelles et le faire revenir dans l'huile dans une poêle. Ajouter les oignons et les faire blondir à l'étuvée. Ajouter les champignons et les faire étuver jusqu'à ce que le liquide se soit évaporé.

3. Faire cuire les pâtes dans un grande quantité d'eau salée bouillante selon les instructions figurant sur le paquet.

4. Ajouter la crème fraîche et le bouillon aux champignons et laisse bouillir pendant 5 minutes. Assaisonner ensuite généreusement de sel et de poivre du moulin.

5. Laver et essuyer le basilic, puis le hacher et l'ajouter à la sauce avant

de servir. Râper le parmesan au-dessus et servir immédiatement.

Temps de préparation : 30 minutes
Par portion : 850 kcal/3 552 kj
P : 27 g, L : 48 g, G : 73 g

Asperges sur pappardelles *(sans photo)*

Pour 4 personnes

300 g de pappardelles (pâtes larges)
1 ½ kg d'asperges vertes
1 l de fond de légumes (produit industriel)
5 échalotes
5 c.s. de vinaigre de framboise
2 c.s. de moutarde douce
2 c.s. de zeste de citron râpé
Sel, poivre, sucre
2 c.s. d'un mélange de 8 fines herbes (produit congelé)
1 petite boîte de filets de safran
3 c.s. d'huile d'olive

1. Préparer les pâtes selon les instructions figurant sur le paquet. Laver les asperges et en éplucher le tiers inférieur. Chauffer le fond et y faire cuire les asperges à feu doux pendant environ 8 minutes.

2. Éplucher les échalotes et les hacher finement. Verser le vinaigre de framboise dans une casserole et ajouter 5 à 6 c.s. de bouillon d'asperges, la moutarde, le zeste de citron, les aromates et les fines herbes. Incorporer ensuite les échalotes.

3. Mélanger les fils de safran avec l'huile et incorporer ensuite délicatement les pâtes. Les dresser par portion sur des assiettes, déposer dessus les moitiés d'asperges, puis verser quelques gouttes de la marinade. Servir immédiatement.

Temps de préparation : 25 minutes
Par portion : 495 kcal/2 079 kj
P : 16 g, L : 22 g, G : 57 g

Pâtes avec chou-rave et pesto *(en bas)*

Pour 1 à 2 personnes

1 chou-rave
2 carottes
200 g de pâtes plates complètes
Sel
1 c.s. de pesto à l'ail des ours (produit industriel)

1. Éplucher et nettoyer le chou-rave, puis le couper en morceaux. Éplucher et nettoyer également les carottes et les couper en lamelles d'environ 3 cm de longueur.

2. Faire cuire les pâtes complètes avec les légumes pendant environ 8 à 10 minutes dans de l'eau salée bouillante.

3. Éliminer l'eau de cuisson, mais en en récupérant un peu. Mélanger le pesto à l'ail des ours avec environ 2 c.s. d'eau de cuisson, le verser dans une poêle et y tourner les pâtes pour qu'elles en prennent le goût.

Temps de préparation : 15 minutes
(Temps de cuisson en sus)
Par portion : 95 kcal/399 kj
P : 4 g, L : 2 g, G : 12 g

Pâtes Teriyaki *(en haut)*

Pour 4 personnes

250 g de rigatonis
1 botte de ciboule
250 g de pleurotes
250 g de pois gourmands
250 g germes de haricots mungo
4 c.s. d'huile de sésame
100 g de châtaignes d'eau chinoises
250 ml de fond asiatique
(produit industriel)
125 ml de saké
125 ml de sauce Teriyaki
(produit industriel)
Sel, poivre
Poudre de gingembre
Poudre de moutarde

1. Faire cuire les pâtes *al dente* selon les instructions figurant sur le paquet. Jeter l'eau, passer les pâtes cuites sous l'eau froide et bien les égoutter. Les garder ensuite au chaud.

2. Éplucher et laver les ciboules, les essuyer et les couper en fines rondelles. Laver et essuyer les pleurotes et les couper en morceaux. Éplucher et laver les pois gourmands, les essuyer et les équeuter. Passer les germes de haricots mungo sous l'eau et les essuyer. Faire chauffer l'huile de sésame et y faire saisir les légumes pendant 6 à 8 minutes.

3. Mettre les châtaignes d'eau chinoises dans une passoire et bien les égoutter. Puis les couper en deux et les ajouter aux légumes avec le fond, le saké et la sauce Teriyaki. Faire cuire le tout ensemble à feu doux pendant environ 2 à 3 minutes. Bien assaisonner avec le aromates et incorporer délicatement les pâtes. Dresser et servir.

Temps de préparation : 25 minutes
Par portion : 423 kcal/1 775 kj
P : 14 g, L : 19 g, G : 49 g

Spaghettis aglio e olio *(en bas à gauche)*

Pour 4 personnes

400 g de spaghettis
Sel
5 gousses d'ail
1 bouquet de persil plat
½ piment frais
60 ml d'huile d'olive extra vierge
1 piment séché
Poivre

1. Faire cuire les spaghettis *al dente* dans de l'eau salée selon les instructions figurant sur le paquet.

2. Éplucher l'ail et le couper en fines tranches. Laver et essuyer le persil, puis le hacher finement tout en mettant 1 c.s. de côté. Laver et épépiner le piment, le couper en petits dés, puis en fines lamelles.

3. Faire chauffer lentement l'huile dans une poêle et y faire saisir le piment pendant 2 minutes. Ajouter l'ail et le faire cuire avec le reste pendant environ 1 minute. Ne pas laisser l'ail brunir car il deviendrait amer. Émietter le piment et l'ajouter.

4. Égoutter les spaghettis dans une passoire et les ajouter aux autres ingrédients avec le persil. Bien mélanger le tout, saler et poivrer, puis garnir avec le reste de persil.

Temps de préparation : 20 minutes
Par portion : 493 kcal/2 070 kj
P : 13 g, L : 18 g, G : 70 g

Pennes aux anchois *(en bas)*

Pour 4 personnes

400 g de pennes, sel
1 oignon, 2 gousses d'ail
6 filets d'anchois
2 c.s. d'huile d'olive
1 boîte de tomates pelées
Poivre
½ bouquet de persil
100 g d'olives noires dénoyautées
100 g de pecorino râpé
Petites feuilles de basilic pour la décoration

1. Faire cuire les pâtes *al dente* dans de l'eau salée bouillante selon les instructions figurant sur le paquet. Éplucher l'oignon et les gousses d'ail, puis les couper en dés.

2. Émincer les anchois. Faire chauffer l'huile et y faire revenir les dés d'oignon et d'ail pendant environ 3 à 5 minutes tout en tournant.

3. Ajouter les filets d'anchois et les tomates avec le liquide, puis assaisonner le tout avec du sel et du poivre. Faire réduire à feu moyen pendant environ 8 minutes. Pendant la phase de réduction, écraser les tomates. Laver et égoutter le persil, puis le hacher finement.

4. Couper les olives en rondelles. Les ajouter à la sauce et faire chauffer. Puis les mélanger avec le persil finement haché. Dresser les pennes avec la sauce. Saupoudrer de pecorino et servir avec des petites feuilles de basilic en décoration.

Temps de préparation : 30 minutes
Par portion : 750 kcal/3 150 kj
P : 53 g, L : 19 g, G : 88 g

Recettes express avec légumes

Chou pointu avec sauce au yaourt et au citron *(en haut)*

Pour 4 personnes

800 g de chou pointu
2 noisettes de beurre
125 ml de bouillon de légumes
350 g de yaourt à la crème
1 c.c. de farine
Jus et zeste râpé d'1 citron non traité
Sel, poivre

1. Laver le chou pointu, le couper en huit et ôter les parties dures. Faire fondre le beurre et y faire revenir le chou pointu pendant 2 minutes. Verser le bouillon de légumes et y laisser mijoter le chou pendant environ 15 minutes. Puis le retirer et le garder au chaud.

2. Mélanger le yaourt avec la farine, ajouter ce mélange au bouillon de légumes et porter à ébullition. Ajouter le jus et le zeste de citron, puis saler et poivrer. Présenter le chou pointu avec la sauce. Le servir en entrée ou en accompagnement d'un rôti ou d'un poisson.

Temps de préparation : 15 minutes
(Temps de cuisson en sus)
Par portion : 197 kcal/825 kj
P : 7 g, L : 10 g, G : 17 g

Pois chiches à la poêle *(en bas)*

Pour 4 personnes

300 à 400 g de pois chiches en boîte
1 à 2 gousses d'ail
2 à 3 noisettes de beurre
Poudre de cumin, de coriandre et de curcuma
Poivre moulu grossièrement
200 g de germes mélangés
1 à 2 c.s. de noix hachées
100 g de kéfir

1. Égoutter les pois chiches dans une passoire en récupérant un peu du bouillon. Éplucher les gousses d'ail et les hacher finement.

2. Faire chauffer le beurre et y faire revenir les dés d'ail. Ajouter les pois chiches. Bien assaisonner le tout avec des aromates et laisser mijoter pendant environ 2 à 3 minutes.

3. Passer les germes sous l'eau chaude, bien les égoutter et les ajouter. Faire brièvement chauffer.

4. Mélanger les noix avec le kéfir et environ 2 à 3 c.s. du fond de pois chiches pour obtenir une consistance homogène. Présenter cette préparation et la servir garnie de fines herbes au choix. Une salade composée accompagnera avantageusement ce plat.

Temps de préparation : 15 minutes
Par portion : 176 kcal/739kj
P : 11 g, L : 4 g, G : 19 g

2. Éplucher les gousses d'ail et les écraser avec un peu de sel dans un mortier. Faire cuire les morceaux d'asperges avec l'ail dans de l'huile d'olive très chaude pendant environ 6 à 7 minutes. Ajouter ensuite la préparation à base d'œufs et de fines herbes. Faire cuire à feu doux pendant environ 3 à 5 minutes jusqu'à ce que les œufs soient fermes.

3. Laver les tomates et les couper en minces rondelles. Laver et essuyer la ciboulette, puis la couper également en fines rondelles.

4. Garnir le fond des tartelettes du mélange asperges-œufs, puis recouvrir de rondelles de tomates. Saupoudrer le tout de ciboulette et servir.

Temps de préparation : 30 minutes
Par portion : 402 kcal/1 689 kj
P : 20 g, L : 20 g, G : 29 g

66

Tartelettes aux œufs et aux fines herbes

(en haut)

Pour 4 personnes

6 œufs, 250 ml de lait
4 c.s. d'herbes finement hachées, par ex. ciboulette, persil, aneth
Sel, poivre
250 g d'asperges vertes
2 gousses d'ail
3 c.s. d'huile d'olive
200 g de tomates cerises
½ bouquet de ciboulette
8 tartelettes salées

1. Battre les œufs et les mélanger avec du lait, des fines herbes, du sel et du poivre. Laver les asperges, ôter la partie inférieure qui est dure, puis couper le reste en morceaux d'environ 3 cm de longueur. Faire cuire ensuite pendant environ 5 minutes dans de l'eau légèrement salée.

Aubergines à la sauce au yaourt

(en bas à gauche)

Pour 4 personnes

850 g d'aubergines
3 c.s. de jus de citron
4 oignons rouges
3 gousses d'ail
5 c.s. de ghee ou de beurre clarifié
2 c.s. de gingembre fraîchement râpé
4 piments verts
3 c.s. de poudre de curry
1 c.s. de poudre de coriandre
200 ml de bouillon de légumes
3 c.s. de basilic fraîchement haché
100 g de yaourt
2 c.s. de crème liquide

1. Laver les aubergines, les équeuter et couper la chair en rondelles. Verser quelques gouttes de citron dessus. Éplucher les oignons et l'ail, puis les hacher finement.

2. Faire chauffer le ghee ou le beurre clarifié, puis y faire revenir les aubergines, les oignons et l'ail. Ajouter le gingembre. Couper les piments en deux dans le sens de la longueur, les épépiner, les laver, les hacher finement et les ajouter au reste avec les poudre de curry et de coriandre. Au bout d'environ 3 minutes, verser le bouillon de légumes et laisser mijoter encore 5 minutes.

3. Mélanger le basilic, le yaourt et la crème liquide dans un plat creux et faire chauffer brièvement. Dresser avec les aubergines et servir.

Temps de préparation : 25 minutes
Par portion : 383 kcal/1 607 kj
P : 5 g, L : 18 g, G : 13 g

Courgettes aux tomates et au basilic

(en haut)

Pour 4 personnes

500 g de tomates
500 g de courgettes
2 gousses d'ail
2 échalotes
1 bouquet de basilic
3 c.s. d'huile d'olive
1 c.s. de pignons de pin
Sel, poivre

1. Ébouillanter les tomates, les peler, les épépiner et les couper en dés. Laver les courgettes, les essuyer et les couper en dés. Éplucher l'ail et les échalotes, puis les hacher. Laver le basilic, l'égoutter et le hacher.

2. Faire chauffer l'huile, y faire revenir les échalotes et l'ail. Ajouter les pignons, les tomates et les courgettes, puis faire mijoter tout en tournant. Incorporer le basilic, saler, poivrer et laisser s'imprégner encore 15 minutes. Servir avec du pain blanc grillé.

Temps de préparation : 30 minutes
Par portion : 94 kcal/394 kj
P : 4 g, L : 5 g, G : 7 g

Concombres au piment *(en bas)*

Pour 4 personnes

100 g crevettes séchées
500 g de concombre bio
1 piment rouge
2 gousses d'ail
2 c.c. d'huile d'arachide
1 c.c. de bouillon (granulés)
1 c.c. de vin de riz Shaoxing ou de sherry sec en remplacement
1 c.c. de sucre
½ c.c. de sel
1 c.c. de fécule

1. Faire tremper les crevettes dans de l'eau tiède pendant environ 15 minutes. Laver le concombre, mais ne pas l'éplucher. Le couper en quatre dans le sens de la longueur, en dégager les pépins et couper la chair en morceaux d'environ 4 cm de long.

2. Laver le piment, l'épépiner et le couper en très fines rondelles. Hacher les gousses d'ail.

3. Chauffer fortement un wok et y verser l'huile d'arachide. Puis y saisir vivement l'ail et les crevettes tout en tournant. Incorporer le concombre avec le bouillon, le Shaoxing, le sucre et le sel. Faire cuire le tout pendant environ 3 minutes en remuant.

4. Mélanger la fécule avec un peu d'eau froide et utiliser ce mélange pour lier la préparation. Parsemer le plat de rondelles de piment et servir.

Temps de préparation : 15 minutes
(Temps de trempage en sus)
Par portion : 122 kcal/512 kj
P : 6 g, L : 9 g, G : 8 g

Omelette de champignons à la crème *(en haut à droite)*

Pour 4 personnes

500 g de chanterelles fraîches
1 oignon
1 gousse d'ail
2 ciboules
2 noisettes de beurre
Sel, poivre
200 ml de crème liquide
2 c.s. de ciboulette fraîchement hachée

1. Éplucher, laver et essuyer les champignons. Couper les plus gros. Éplucher l'oignon et la gousse d'ail, puis les hacher. Éplucher les ciboules, les laver et les couper en fines rondelles.

2. Chauffer le beurre dans une poêle et y faire blondir l'oignon et l'ail. Ajouter les ciboules et les champignons, puis laisser mijoter pendant environ 7 minutes tout en remuant.

3. Saler et poivrer les champignons, puis incorporer la crème liquide. Chauffer brièvement et ajouter la ciboulette. Servir avec du pain frais.

Temps de préparation : 20 minutes
(Temps de cuisson en sus)
Par portion : 210 kcal/882 kj
P : 3 g, L : 19 g, G : 4 g

2. Faire chauffer le ghee ou le beurre clarifié et y faire revenir les échalotes avec l'ail. Épicer avec de la poudre au curry et ajouter les tomates avec leur liquide.

3. Laver le chou-fleur et en séparer les bouquets. Équeuter les aubergines, les laver et les couper en rondelles. Ajouter ces deux ingrédients aux échalotes et les faire brièvement revenir. Puis verser le bouillon de légumes. Assaisonner avec du garam masala et du jus de citron. Au bout d'environ 6 minutes, incorporer le yaourt et la crème liquide.

4. Laver et essuyer le coriandre, en détacher les petites feuilles et les incorporer également. Dresser avec les œufs et servir avec du pain.

Temps de préparation : 25 minutes
Par portion : 482 kcal/2 026 kj
P : 21 g, L : 33 g, G : 10 g

Curry aux aubergines et aux œufs *(à droite)*

Pour 4 personnes

8 œufs
4 gousses d'ail
8 échalotes
6 c.s. de ghee ou de beurre clarifié
3 c.s. de poudre de curry
100 g de tomates pelées en boîte
300 g de chou-fleur
300 g d'aubergines
400 ml de bouillon de légumes
3 c.s. de garam masala
1 c.s. de jus de citron
200 g de yaourt
3 c.s. de crème liquide
½ bouquet de coriandre

1. Faire cuire des œufs mollets pendant 6 minutes. Les passer à l'eau froide, les peler et les couper en tranches. Éplucher les gousses d'ail et les hacher finement. Éplucher les échalotes et les couper en dés.

Ragoût d'asperges et de champignons
(à droite)

Pour 4 personnes

12 œufs de cailles
1,5 kg d'asperges vertes
1 l de fond de légumes
500 g de champignons de Paris
3 c.s. d'huile
1 bouquet de persil
Sel
Poivre

1. Faire cuire les œufs de cailles. Laver les asperges, en ôter les extrémités inférieures et couper le reste en morceaux. Chauffer le fond et y faire cuire les asperges pendant environ 12 minutes. Éplucher les champignons, les laver et les émincer.

2. Faire chauffer l'huile dans une casserole et y faire revenir les champignons pendant environ 4 minutes. Égoutter les asperges et les ajouter. Puis verser 8 c.s. du fond de cuisson.

3. Laver le persil, l'essuyer, le hacher finement et l'ajouter. Saler et poivrer le tout. Jeter l'eau des œufs de cailles, les passer à l'eau froide, les peler et les couper en tranches. Dresser la préparation par portion sur des assiettes, garnir avec des rondelles d'œufs de cailles et servir.

Temps de préparation : 25 minutes
Par portion : 93 kcal/389 kj
P : 6 g, L : 4 g, G : 7 g

Fleurs de courgettes
(à gauche)

Pour 4 personnes

8 fleurs de courgettes
250 g de carrelet
200 g de crevettes grises
1 poire
2 tranches de pumpernickel
2 c.s. d'huile d'olive
Sel, poivre
Jus de citron
100 g de fromage frais
Poudre d'anis
Poudre de clous de girofles

1. Passer les fleurs à l'eau froide, les ouvrir délicatement et en détacher le pistil. Laver et essuyer le poisson, puis le couper en petits dés.

2. Laver et essuyer les petites crevettes grises. Éplucher la poire, la couper en deux, en ôter le cœur et couper la chair en dés. Émietter les tranches de pumpernickel.

3. Préchauffer le four à 180 °C. Chauffer l'huile dans une poêle et y faire revenir le poisson et les crevettes. Assaisonner avec sel, poivre et jus de citron.

4. Tout ôter du feu et incorporer le fromage frais. Ajouter la poire et le pain. Relever avec les condiments. Remplir les fleurs de cette farce et faire cuire au four sur la glissière médiane pendant 7 minutes.

Temps de préparation : 25 minutes
Par portion : 306 kcal/1 288 kj
P : 5 g, L : 22 g, G : 12 g

Chou blanc épicé et son mélange de légumes *(en bas)*

Pour 4 personnes

3 oignons
6 gousses d'ail
600 g de chou blanc
250 g petits pois verts
250 g de carottes
200 g de pommes de terre
250 g de tomates
3 c.s. de ghee ou d'huile d'olive
1 c.c. de grains de cumin blanc
1 c.s. de poudre de curcuma
2 c.c. de poudre de mangue
3 piments verts
1 c.s. de gingembre fraîchement râpé
1 c.s. de garam masala
½ bouquet de coriandre
3 c.s. de beurre fondu

1. Éplucher les oignons et les couper en dés. Éplucher les gousses d'ail et les hacher finement. Éplucher le chou blanc, le laver et l'émincer. Laver les petits pois et les trier.

2. Éplucher les carottes et les couper en bâtonnets. Éplucher les pommes de terre, les laver et les couper en petits dés. Laver les tomates, les équeuter et les couper en tranches.

3. Chauffer le ghee ou l'huile d'olive, puis y faire revenir les oignons et l'ail. Ajouter les légumes et faire tout étuver pendant environ 8 minutes. Assaisonner avec des graines de cumin, de la poudre de curcuma et de la poudre de mangue.

4. Couper les piments en deux dans le sens de la longueur, les épépiner, les laver, les hacher finement et les ajouter aux légumes. Assaisonner avec du gingembre et du garam masala. Laver et essuyer le coriandre, puis en détacher les feuilles. Incorporer ces petites feuilles. Dresser le tout sur des assiettes, verser quelques gouttes de beurre fondu et servir.

Temps de préparation : 30 minutes
Par portion : 255 kcal/1 071 kj
P : 9 g, L : 12 g, G : 27 g

Chou-fleur épicé avec pignons *(à droite)*

Pour 4 personnes

1 gros chou-fleur, sel
2 poivrons verts
2 poivrons jaunes
2 poivrons rouges
4 échalotes
4 gousses d'ail
1 c.s. de gingembre
fraîchement râpé
2 c.s. de garam masala
4 c.s. de tomates passées
1 c.s. de poudre de piment
4 noisettes de beurre clarifié
100 g de yaourt nature
4 c.s. de crème double
6 c.s. de pignons de pin
Cerfeuil pour la décoration

1. Éplucher le chou-fleur, le laver, le détailler en bouquets et les faire blanchir dans de l'eau légèrement salée pendant environ 5 minutes. Puis les retirer et les égoutter.

2. Équeuter les poivrons, les laver, les couper en deux dans le sens de la longueur, les épépine, puis les couper en dés. Éplucher les échalotes et l'ail, puis les hacher finement. À l'exception du chou-fleur, tout mettre dans un plat avec le gingembre, le garam masala, les tomates et la poudre de piment, puis mélanger.

3. Faire chauffer le beurre clarifié et y faire revenir le mélange pendant environ 6 minutes. Ajouter les petits bouquets de chou-fleur et les faire cuire pendant environ 3 minutes. Incorporer le yaourt et la crème double. Faire griller les pignons dans une poêle sans graisse. Garnir le plat de ces pignons ainsi que de cerfeuil et servir.

Temps de préparation : 25 minutes
Par portion : 278 kcal/1 166 kj
P : 11 g, L : 17 g, G : 13 g

Artichauts à la poêle
(en bas à droite)

Pour 4 personnes

500 g de fonds d'artichauts
en boîte
3 c.s. d'huile d'olive
6 œufs
4 c.s. de lait
Sel
Poivre
1 c.c. de sauge effeuillé

1. Égoutter les fonds d'artichauts dans une passoire. Faire chauffer l'huile dans une poêle et y faire revenir les fonds d'artichauts.

2. Mélanger les œufs avec le lait, le sel, le poivre et la sauge, puis verser cette préparation sur les artichauts. Faire cuire le tout à feu doux pendant environ 6 minutes pour que la consistance des œufs devienne ferme. Puis dresser sur des assiettes et servir.

Temps de préparation : 15 minutes
Par portion : 285 kcal/1 197 kj
P : 12 g, L : 2 g, G : 58 g

Friture de carottes et courgettes *(à droite)*

Pour 4 personnes

200 g de carottes
400 g de courgettes
3 échalotes
1 gousse d'ail
1 c.s. d'aiguilles de romarin
4 œufs
3 c.s. de crème liquide
2 c.s. de parmesan fraîchement râpé
Sel
Poivre
2 c.s. d'huile d'olive

1. Éplucher les carottes, équeuter les courgettes et les laver, puis éplucher les échalotes. Râper les légumes. Éplucher l'ail et le presser, puis le mélanger dans un plat avec les légumes râpés. Hacher les aiguilles de romarin et les incorporer.

2. Battre les œufs avec la crème liquide et le parmesan, puis saler et poivrer. Ajouter ce mélange aux légumes et bien remuer.

3. Faire chauffer l'huile dans une poêle. Former des galettes rondes à partir de cette pâte de légumes et les faire cuire des deux côtés dans de l'huile très chaude jusqu'à ce qu'elles soient croustillantes. Les retirer de la poêle et les égoutter sur du papier absorbant. Servir immédiatement.

Temps de préparation : 20 minutes
(Temps de cuisson en sus)
Par portion : 365 kcal/1 528 kj
P : 54 g, L : 10 g, G : 12 g

Conseil : une sauce de tomates fraîches sera excellente avec cette friture de légumes, mais une sauce faite de crème fraîche, yaourt et fines herbes fraîchement hachées conviendra aussi très bien.

2. Faire fondre le beurre dans une casserole, y faire revenir le lard et ajouter du sucre. Faire brièvement brunir, puis ajouter la farine et faire un roux. Mélanger les cornichons et ce roux, puis compléter avec le lait.

3. Faire cuire les cornichons à couvert pendant environ 15 minutes, puis assaisonner avec du sel, du poivre, du vinaigre et éventuellement encore un peu de sucre. Servir avec des pommes de terre fraîches.

Temps de préparation : 25 minutes
Par portion : 173 kcal/725 kj
P : 9 g, L : 9 g, G : 12 g

Gros cornichons braisés au lard *(en haut)*

Pour 4 personnes

1 kg de cornichons
100 g de lard
2 noisettes de beurre
1 c.s. de sucre
5 c.s. de farine
250 ml de lait
Sel
Poivre
1 c.s de vinaigre de vin

1. Éplucher les cornichons et en ôter les pépins avec une cuillère. Couper les cornichons en morceaux de 2 cm d'épaisseur. Couper le lard en dés.

Poêlée de légumes avec riz *(en bas)*

Pour 2 personnes

50 g de riz long
Sel, 1 oignon
½ paquet de légumes congelés
1 noisette de beurre
2 c.s. de cacahuètes grillés
50 g de jambon cuit
Poivre, 1 c.s. de sauce de soja

1. Préparer le riz dans de l'eau salée selon les indications figurant sur le paquet. Éplucher l'oignon et le hacher. Faire dégeler les légumes.

2. Faire chauffer le beurre et y faire revenir l'oignon. Ajouter les légumes et les faire mijoter à couvert pendant environ 10 minutes. Incorporer des cacahuètes.

3. Couper le jambon en dés, jeter l'eau du riz ; ajouter jambon et riz aux légumes et faire chauffer. Assaisonner avec sel, poivre et sauce de soja.

Temps de préparation : 10 minutes
(Temps de cuisson en sus)
Par portion : 511 kcal/2 146 kj
P : 24 g, L : 22 g, G : 54 g

Germes aux oranges
(sans photo)

Pour 4 personnes

250 g de germes de soja
250 g de mixed pickles en bocal
3 à 4 c.s. d'huile de sésame
2 à 3 oranges
250 g de tofu fumé
Sel
Poivre du moulin
4 c.s. de sauce de soja
1 barquette de cresson

1. Passer brièvement les germes des graines de soja sous l'eau froide. Puis les verser dans une passoire et bien les égoutter. Bien égoutter également les mixed pickles.

2. Faire chauffer l'huile dans le wok et y faire brièvement saisir les légumes tout en tournant. Éplucher les oranges de manière à ce que la peau blanche soit ôtée. Dégager les filets avec un couteau bien aiguisé et les couper en petits morceaux.

3. Couper le tofu en dés. Ajouter ce tofu et les morceaux d'orange aux légumes, puis assaisonner avec sel, poivre et sauce de soja. Faire cuire le tout pendant environ 2 minutes.

4. Laver et égoutter le cresson, puis le couper. Présenter le tout dans de petites coupelles, garnir avec du cresson et servir.

Temps de préparation : 15 minutes
Par portion : 493 kcal/2 065 kj
P : 31 g, L : 9 g, G : 70 g

Omelette avec tomates et fromage de brebis *(en haut)*

Pour 4 personnes

8 œufs
150 ml de lait
Sel, poivre
1 c.c. d'herbes séchées mélangées
4 tomates, 4 c.c. d'huile
200 g de fromage de brebis

1. Mélanger les œufs avec le lait, le sel, le poivre et les fines herbes. Laver les tomates, les équeuter et couper la chair en tranches.

2. Pour chaque omelette, faire chauffer 1 c.c d'huile et y laisser ¼ du mélange d'œufs y devenir ferme. Lorsque la partie inférieure est cuite, presser 1 tomate en tranches dans l'omelette et émietter 50 g de fromage de brebis dessus. Couvrir la poêle, puis continuer la cuisson pendant encore 6 à 8 minutes. Servir avec des galettes de pain frais.

Temps de préparation : 15 minutes
(Temps de cuisson en sus)
Par portion : 300 kcal/1 256 kj
P : 18 g, L : 21 g, G : 9 g

Gratin de poireaux au lard *(en bas)*

Pour 4 personnes

800 g de poireaux
Sel
300 g de bacon en tranches fines
1 paquet de sauce claire (produit industriel)
100 g de cheddar
Poivre
Noix muscade râpée
Graisse pour le moule

1. Éplucher les poireaux, les laver et les couper en morceaux de 5 cm environ. Les faire cuire dans de l'eau bouillante salée pendant environ 5 minutes, puis jeter l'eau et les égoutter. Entourer chaque morceau de poireau d'une tranche de lard et les déposer dans un moule à gratin préalablement graissé.

2. Préparer la sauce claire selon les instructions figurant sur le paquet. Râper le cheddar et en incorporer ⅔ dans la sauce. Assaisonner avec sel, poivre et noix muscade.

3. Verser la sauce sur les morceaux de poireau et saupoudrer du reste de fromage. Faire cuire au four à 200 °C (chaleur tournante 180 °C) pendant environ 15 minutes.

Temps de préparation : 10 minutes
(Temps de cuisson en sus)
Par portion : 262 kcal/1 097 kj
P : 23 g, L : 15 g, G : 7 g

Ragoût de champignons avec crème aux fines herbes *(en haut à droite)*

Pour 4 personnes

2 oignons, 2 noisettes de beurre
500 g de champignons frais des bois
8 c.s. de vin blanc
400 ml de bouillon de légumes
6 c.s. de crème liquide
Sel, poivre, poivre de Cayenne
8 c.s. d'herbes mélangées et hachées

1. Éplucher et hacher les oignons. Faire chauffer le beurre et y faire blondir les oignons. Éplucher les champignons des bois, les laver si nécessaire, les émincer, les ajouter et les faire revenir.

2. Verser le vin blanc et le bouillon de légumes dans cette préparation, porter à ébullition, incorporer la crème liquide, puis assaisonner avec sel, poivre et poivre de Cayenne. Laisser mijoter pendant 5 minutes, puis incorporer le mélange de fines herbes. Dresser les champignons sur des assiettes. Des pâtes aux œufs frais ou des quenelles de pain constitueront un bon accompagnement.

Temps de préparation : 20 minutes
(Temps de cuisson en sus)
Par portion : 305 kcal/1 277 kj
P : 10 g, L : 11 g, G : 38 g

3. Pour la vinaigrette, broyer les piments avec un peu de sel dans un mortier. Hacher les olives. Éplucher l'ail et le hacher finement avec des câpres. Mélanger tous les ingrédients pour la vinaigrette, puis saler et poivrer.

4. Passer les huitièmes de fenouils sur le grill préchauffé pendant environ 8 minutes. Les retourner plusieurs fois pour ne pas qu'ils brûlent. Hacher la partie verte des fenouils et la répartir sur les fenouils grillés en même temps que la vinaigrette. Servir froid ou chaud.

Temps de préparation : 5 minutes (Temps de cuisson et de macération en sus)
Par portion : 159 kcal/667 kj
P : 4 g, L : 12 g, G : 6 g

Fenouils avec vinaigrette aux olives
(à droite)

Pour 4 personnes

4 fenouils
2 c.s. d'huile d'olive
Sel, poivre

Pour la vinaigrette
2 petits piments séchés
Sel
75 g d'olives noires dénoyautées
2 gousses d'ail
2 c.s. de câpres
6 c.s. de jus de limette
6 c.s. d'huile d'olive
Poivre

1. Laver les fenouils, ôter les feuilles dures extérieures, couper la partie verte et la mettre de côté. Couper les fenouils en huit dans le sens de la longueur. Ôter éventuellement les queues.

2. Poser les huitièmes de fenouils dans un plat plat, verser quelques gouttes d'huile d'olive dessus, puis saler et poivrer. Laisser mariner pendant 15 minutes.

Roulés d'endives et sauce fromage-orange *(à droite)*

Pour 4 personnes

4 endives
8 tranches de gruyère
ou d'emmenthal
1 oignon, 300 g de yaourt
8 c.s. de vin blanc, 1 orange
Sel, poivre
Poivre de Cayenne
Noix muscade
½ bouquet d'herbes fraîchement
hachées
60 g de parmesan
Graisse pour le moule

1. Laver, essuyer et éplucher les endives, en ôter le cœur amer, les couper en deux et les entourer de fromage (gruyère ou emmenthal). Les mettre ensuite dans un moule à gratin graissé.

2. Préchauffé le four à 190 °C. Éplucher l'oignon et le hacher finement ; mélanger avec le yaourt, le vin et l'orange taillée en filets et coupée en dés. Assaisonner avec des aromates et des fines herbes.

3. Verser la crème sur les endives dans le moule. Râper le parmesan et le saupoudrer sur les légumes. Faire cuire au four pendant environ 15 minutes.

Temps de préparation : 15 minutes
(Temps de cuisson en sus)
Par portion : 367 kcal/1 541 kJ
P : 22 g, L : 24 g, G : 10 g

Riz basmati aux fruits *(à gauche)*

Pour 4 personnes

300 g de riz basmati
Sel
40 g de beurre clarifié
5 noisettes de beurre
150 g de figues sèches
40 g de raisins secs
4 abricots secs
½ c.c. de cannelle moulue
½ c.c. de noix muscade moulue
Quelques feuilles de coriandre

1. Laver le riz, l'égoutter et le faire cuire dans un 1 l d'eau salée portée à ébullition. Laisser bouillir pendant environ 2 minutes tout en remuant. Puis jeter l'eau du riz, rincer avec de l'eau froide et égoutter.

2. Faire chauffer le beurre clarifié dans la casserole de cuisson du riz. Ajouter 30 ml d'eau et remettre le riz dans la casserole. Le verser de telle manière qu'il forme un petit monticule au milieu du récipient. Y déposer ensuite 2 noisettes de beurre en flocons.

3. Mettre un couvercle sur la casserole et faire cuire le riz à la vapeur à température moyenne pendant environ 15 minutes, puis le retirer de la plaque et laisser poursuivre la cuisson pendant quelques minutes.

4. Laver les figues, les raisins secs et les abricots et bien les essuyer. Couper tous les fruits secs en petits dés. Faire fondre le reste de beurre dans une poêle et y faire revenir les dés de fruits pendant environ 5 minutes. Incorporer la cannelle et la noix muscade. Mélanger le riz avec les fruits, garnir avec des petites feuilles de coriandre et servir.

Temps de préparation : 30 minutes
Par portion : 648 kcal/2 720 kj
P : 9 g, L : 22 g, G : 100 g

Lentilles du Puy aux herbes *(en haut)*

Pour 4 personnes

4 carottes
1 poireau
½ céleri-rave
250 g de gros oignons doux
4 à 5 c.s. d'huile de noix
2 c.s. d'herbes de Provence finement hachées, par ex. thym, marjolaine, estragon
Sel
Poivre
Vinaigre de vin rouge
800 g de lentilles du Puy
1 l de fond de légumes
250 ml de fond de champignons
Poivre citronné
250 g de fromage frais
100 g de crème épaisse
Graines de sésame

1. Éplucher les carottes, le poireau, le céleri et les oignons, les laver et les couper en dés. Faire chauffer l'huile et y faire cuire les légumes pendant environ 5 à 6 minutes. Ajouter les fines herbes, puis assaisonner avec le sel, le poivre et le vinaigre de vin rouge. Ajouter ensuite les lentilles avec les fonds de légumes et de champignons. Bien mélanger et faire cuire à feu doux pendant environ 20 minutes. Jeter l'eau ensuite.

2. Assaisonner avec du poivre citronné. Mélanger le fromage frais avec la crème épaisse. Verser ce mélange sur la préparation qui est chaude, mais ne bout plus. Saupoudrer le tout de sésame et servir. Des papillotes de pommes de terre conviendront parfaitement en accompagnement.

Temps de préparation : 30 minutes
Par portion : 933 kcal/3 921 kj
P : 58 g, L : 28 g, G : 109 g

Gratin de pommes de terre *(sans photo)*

Pour 4 personnes

800 g de pommes de terres cuites
5 oignons rouges
200 g de chanterelles en boîte
2 c.s. de beurre clarifié
4 c.s. de confiture d'airelles
4 c.s. d'Aquavit, sel, poivre
Poudres d'anis, de clous de girofle et de piment Jamaïque
1 c.s. de vinaigre de framboise
125 ml de crème liquide
250 ml de lait, 1 œuf
Beurre pour le moule

1. Éplucher les carottes et les couper en fines lamelles. Éplucher les oignons et les couper en dés. Égoutter les chanterelles dans une passoire.

2. Faire chauffer le beurre clarifié dans une poêle et y faire revenir les oignons avec les chanterelles. Ajouter la confiture et l'Aquavit, puis assaisonner le tout avec du sel, du poivre ainsi que les poudre d'anis, de clous de girofle et de piment Jamaïque. Incorporer ensuite le vinaigre. Retirer de la plaque de cuisson et laisser s'imprégner.

3. Préchauffer le four à 180 °C. Beurrer un moule allant au four et en remplir la moitié de morceaux de pomme de terre. Répartir dessus la préparation à base d'oignons et de champignons, puis couvrir avec le reste de pommes de terre. Mélanger la crème liquide avec le lait et l'œuf, puis saler et poivrer. Verser ¾ de ce liquide sur le gratin et mettre l'ensemble au four sur la glissière médiane pendant environ 10 minutes. Ajouter le reste de crème liquide et faire gratiner encore 5 minutes à 210 °C.

Temps de préparation : 20 minutes
(Temps de cuisson en sus)
Par portion : 520 kcal/2 184 kj
P : 24 g, L : 20 g, G : 60 g

Poêlée de poivrons au gingembre et aux pois gourmands
(en haut)

Pour 4 personnes

Poivrons : 1 rouge, 1 jaune et 1 vert
4 ciboules
1 morceau de gingembre (3 cm)
250 g de pois gourmands, sel
2 c.s. d'huile d'arachide
1 c.s. de sucre de palme râpé
3 c.s. de sauce végétarienne aux champignons
Poivre, jus d'une moitié de limette

1. Équeuter les poivrons, les laver à l'intérieur et à l'extérieur, puis les couper en lamelles. Éplucher les ciboules, les laver et les couper en morceaux d'environ 2 cm de long. Éplucher le gingembre et le hacher finement.

2. Éplucher et laver les pois gourmands, puis les faire blanchir dans un peu d'eau salée bouillante pendant environ 3 minutes. Puis les retirer, les passer sous l'eau froide et les égoutter dans une passoire.

3. Faire chauffer l'huile d'arachide dans une poêle ou dans un wok, y faire revenir le gingembre pendant 2 minutes. Ajouter les lamelles de poivrons et les ciboules, faire cuire le tout pendant encore 2 minutes tout en remuant et incorporer les pois gourmands à la fin. Remuer les légumes à feu vif pendant 2 minutes, saupoudrer de sucre de palme et poursuivre brièvement la cuisson. Assaisonner le tout avec la sauce aux champignons, le sel, le poivre et un peu de jus de limette, puis servir.

Temps de préparation : 20 minutes
(Temps de cuisson en sus)
Par portion : 153 kcal/643 kj
P : 3 g, L : 11 g, G : 12 g

Temps de préparation : 15 minutes
Par portion : 116 kcal/487 kj
P : 5 g, L : 7 g, G : 11 g

Concombres à l'étuvée
(en haut)

Pour 4 personnes

4 concombres
200 g d'échalotes
¼ de bouquet de thaï-soi
2 c.s. d'huile végétale
2 c.s. de sauce aux huîtres

1. Laver et essuyer les concombres, les couper en deux dans le sens de la longueur (avec leur peau) et retirer les pépins avec une cuillère. Couper la chair en rondelles d'en 2 cm d'épaisseur.

2. Éplucher les échalotes et les couper en fines rondelles ; laver le thaï-soi et l'émincer.

3. Faire chauffer l'huile végétale dans le wok, ajouter les échalotes et laisser légèrement revenir. Puis ajouter les morceaux de concombre, assaisonner avec la sauce aux huîtres et déglacer avec environ 200 ml d'eau.

4. Laisser les légumes étuver pendant environ 3 minutes jusqu'à ce que l'eau se soit évaporée. Incorporer le thaï-soi à la fin et présenter la préparation aux concombres.

Artichauts farcis au thon *(en bas)*

Pour 4 personnes

4 grandes tranches de pain blanc
8 fonds d'artichauts en boîte
100 g de thon dans son jus en boîte
1 gousse d'ail , 3 c.s. d'huile d'olive
3 c.s. de tomates pelées en boîte
3 brins de persil
1 c.s. de petites rondelles de ciboulette

1. Préchauffer le four à 175 °C. Découper 2 rondelles de la taille des fonds d'artichauts dans les tranches de pain blanc.

2. Rincer les artichauts, les égoutter et les essuyer ensuite sur du papier absorbant. Égoutter également le thon dans une passoire. Éplucher l'ail. Verser l'huile d'olive dans une petite coupelle, presser l'ail au-dessus et bien mélanger.

3. Badigeonner les cercles de pain avec l'huile à l'ail, puis les mettre sur une tôle à pâtisserie et les faire dorer des deux côtés dans le four préchauffé pour qu'ils soient croustillants.

4. Hacher finement les tomates avec un couteau et les mélanger avec le thon. Laver le persil, l'égoutter et le hacher finement. Ajouter le persil aux tomates et mélanger. Remplir les fonds d'artichauts avec cette farce et placer ceux-ci sur les rondelles de pain. Saupoudrer de ciboulette et servir.

Temps de préparation : 15 minutes
(Temps de cuisson en sus)
Par portion : 199 kcal/837 kj
P : 7 g, L : 11 g, G : 17 g

3. Tout en continuant à tourner, verser 125 ml de bouillon chaud et laisser le riz absorber ce liquide. Puis incorporer une nouvelle fois 125 ml de bouillon jusqu'à ce qu'il soit également absorbé par le riz. Procéder de la même manière avec le reste de liquide jusqu'à temps que le riz soit souple et que les grains se détachent. Incorporer le fromage à la fin, puis assaisonner le risotto avec du sel et du poivre. Servir avec des copeaux de parmesan.

Temps de préparation : 15 minutes
(Temps de cuisson en sus)
Par portion : 275 kcal/1 155 kj
P : 8 g, L : 7 g, G : 43 g

Conseil : saviez-vous que le potiron d'Hokkaïdo n'a pas besoin d'être épluché ? Seuls ses pépins doivent être éliminés.

Risotto au potiron avec sauge *(en haut)*

Pour 4 personnes

500 à 600 ml de bouillon de légumes
1 oignon
250 g de chair de potiron
  par ex. potiron muscat
1 c.s. d'huile d'olive
1 c.s. de sauge fraîchement hachée
200 g de riz arborio
50 g de parmesan fraîchement râpé
Sel, poivre

1. Faire chauffer le bouillon dans une casserole et le faire un peu frémir. Éplucher l'oignon et le hacher finement. Râper la chair de potiron.

2. Chauffer l'huile dans une grande casserole et y faire blondir l'oignon. Ajouter le potiron et laisser mijoter pendant environ 5 minutes. Saupoudrer de sauge et ajouter progressivement le riz tout en remuant. Tourner jusqu'à ce que le riz soit bien enrobé de graisse.

Œufs à la mexicaine

(en bas à gauche)

Pour 4 portions

3 c.s. d'amandes effilées
1 poivron rouge
1 poivron jaune
2 piments
2 avocats fermes
Sel
Poivre
Poudre de piment
Poudre de cumin
125 ml de bouillon de légumes
2 c.s. d'huile d'arachide
500 g de tomates en purée
6 à 8 œufs

1. Faire griller les amandes effilées dans une poêle sans huile. Équeuter les poivrons et les piments, les couper en deux, les épépiner et les laver aussi bien à l'intérieur qu'à l'extérieur. Éplucher les avocats, les couper en deux et les dénoyauter. Couper le tout en petits dés et les ajouter aux amandes effilées.

2. Bien assaisonner avec les aromates, puis verser le bouillon de légumes. Faire cuire à feu doux pendant environ 3 minutes. Faire chauffer l'huile dans une autre poêle et y ajouter les tomates réduites en purée. Faire mijoter pendant 1 à 2 minutes.

3. Battre les œufs et les assaisonner avec sel, poivre, 1 pincée de poudre de piment et 1 pincée de poudre de cumin. Incorporer lentement ce mélange dans la préparation de tomates et faire cuire pendant environ 3 à 5 minutes jusqu'à ce que les œufs deviennent fermes. Mettre les légumes au milieu d'un plat et répartir les œufs brouillés aux tomates tout autour. Servir avec des chips tortillas.

Temps de préparation : 30 minutes
Par portion : 578 kcal/2 429 kj
P : 10 g, L : 61 g, G : 19 g

Carottes à la moutarde de romarin

(en haut)

Pour 4 personnes

600 g de carottes
Sel
4 brins de romarin
8 brins de persil
2 gousses d'ail
3 noisettes de beurre
1 c.c. de poudre de moutarde
1 à 2 c.c. de sucre

1. Éplucher les carottes et les couper en bâtonnets. Les faire cuire *al dente* dans un peu d'eau salée pendant environ 5 minutes. Puis jeter l'eau et égoutter.

2. Laver et égoutter les fines herbes. Détacher les aiguilles des tiges de romarin et les hacher finement. Mettre le persil de côté.

3. Éplucher l'ail. Faire mousser 2 noisettes de beurre dans une casserole. Mélanger le beurre avec la poudre de moutarde, le romarin haché et le sucre pour obtenir une pâte.

4. Presser l'ail au-dessus de cette préparation et incorporer les carottes. Ajouter le reste de beurre et faire légèrement mijoter le tout à couvert pendant environ 5 minutes. Hacher le persil et l'ajouter aux carottes à la fin.

Temps de préparation : 20 minutes
Par portion : 101 kcal/424 kj
P : 2 g, L : 6 g, G : 7 g

Œufs brouillés aux champignons *(à droite)*

Pour 4 personnes

3 morilles séchées
3 champignons shiitake séchés
1 piment rouge
10 g de gingembre
2 ciboules
2 brins de coriandre
4 œufs
2 c.c de sauce de soja
Poivre
1 c.c. d'huile d'arachide
2 c.s. d'huile de tournesol

1. Mettre les champignons séchés dans un plat creux et verser de l'eau chaude dessus jusqu'à ce qu'ils en soient bien recouverts. Laisser gonfler le tout pendant environ 15 minutes.

2. Laver et épépiner le piment, puis l'émincer en fines lamelles. Éplucher le gingembre et le hacher très finement. Éplucher les ciboules, les laver et les couper en rondelles. Laver et essuyer le coriandre, puis en détacher les petites feuilles. Égoutter les champignons dans une passoire et les couper en morceaux. Battre les œufs, puis y incorporer la sauce de soja, le poivre et l'huile à l'arachide.

3. Chauffer le wok et y verser l'huile de tournesol. Y faire brièvement saisir les champignons. Ajouter le reste des ingrédients sauf les œufs et le coriandre. Puis verser la préparation d'œufs et faire cuire jusqu'à ce qu'ils deviennent fermes. Repousser cette préparation tout autour du bord. Puis présenter les œufs brouillés sur des assiettes ou dans de petites coupelles, garnir de feuilles de coriandre et servir.

Temps de préparation : 20 minutes
(Temps de trempage en sus)
Par portion : 181 kcal/760 kj
P : 9 g, L : 15 g, G : 5 g

Potiron aux pommes et au miel *(en bas à droite)*

Pour 4 personnes

1 oignon
1 poireau
1 noisette de beurre
1 kg de potirons muscat
2 pommes
Sel, poivre
1 pincée de poudre de curry
½ c.c. de miel
75 ml de cidre
1 c.s. de citronnelle hachée

1. Éplucher l'oignon et le hacher. Éplucher le poireau, le laver et le couper en rondelles. Faire chauffer le beurre, puis y faire revenir l'oignon et le poireau.

2. Éplucher les potirons muscat et les pommes, les épépiner et les couper en dés. Ajouter ces deux ingrédients et faire également revenir brièvement. Assaisonner les légumes avec du sel, du poivre, du poivre de Cayenne et le miel ; verser ensuite le cidre et faire mijoter le tout à couvert pendant environ 10 minutes.

3. Présenter avec la citronnelle hachée. Ce plat peut accompagner une viande rouge, un poisson ou une volaille.

Temps de préparation : 15 minutes
(Temps de cuisson en plus)
Par portion : 144 kcal/603 kj
P : 4 g, L : 3 g, G : 22 g

Chou blanc africain (chakalaka) *(à droite)*

Pour 4 personnes

2 oignons
1 gousse d'ail
2 gros piments rouges
125 ml d'huile
3 poivrons jaunes
500 g de chou blanc râpé
500 g de carottes râpées
½ c.s. de poivre de Cayenne
1 c.s. de poudre de paprika
150 g de petits pois en boîte
Sel
Poivre

1. Éplucher les oignons et l'ail, puis les couper en petits dés. Équeuter les piments et les couper en deux, les épépiner, puis les laver et les couper en très petits dés. Faire étuver les oignons, l'ail et les piments dans la moitié de l'huile.

2. Équeuter les poivrons, les laver, les couper en deux et les épépiner.

Les couper en lamelles et les ajouter aux oignons dans la poêle. Les faire cuire pendant environ 2 à 3 minutes tout en tournant.

3. Ajouter le reste de l'huile. Incorporer également le chou avec les carottes et les aromates, puis faire cuire *al dente* tout en tournant. Faire chauffer les petits pois égouttés dans le mélange de légumes. Assaisonner le tout avec du sel et du poivre.

Temps de préparation : 25 minutes
Par portion : 187 kcal/784 kj
P : 7 g, L : 9 g, G : 19 g

Galettes de légumes avec fromage blanc aux herbes *(en haut)*

Pour 4 personnes

300 g de chou-fleur
300 g de potiron
Sel, poivre
Jus de citron
4 œufs
100 g de farine de blé complète
500 g de chapelure
100 ml d'huile
Fromage blanc aux herbes

1. Pendant environ 1 minute, faire blanchir le chou-fleur détaillé en bouquets ainsi que le potiron épluché et coupé en tranches d'1 cm d'épaisseur dans de l'eau bouillante salée. Retirer ensuite de l'eau, égoutter, puis saler et poivrer. Verser quelques gouttes de jus de citron sur les légumes.

2. Battre les œufs. Verser la farine de blé complète et la chapelure dans deux assiettes différentes. Faire tourner les légumes successivement dans la farine, les œufs et la chapelure, puis les faire dorer dans l'huile très chaude. Servir avec du fromage blanc aux fines herbes.

Temps de préparation : 20 minutes
(Temps de cuisson en sus)
Par portion : 590 kcal/2 470 kj
P : 21 g, L : 22 g, G : 77 g

Pak choi frit *(en bas)*

Pour 4 personnes

400 g de pak choi, 2 gousses d'ail
1 morceau de gingembre (1 cm)
2 c.s. d'huile d'arachide
3 c.s. de bouillon de poule
1 c.c. de sucre
1 c.s. de sauce de soja claire
1 c.c. d'huile de sésame foncée

1. Éplucher le pak choi et le couper en morceaux de 6 cm de longueur. Éplucher les gousses d'ail et le gingembre, puis les hacher finement.

2. Chauffer un wok à feu vif, puis y verser l'huile d'arachide. Y saisir l'ail et le gingembre pendant 30 secondes, puis ajouter le pak choi, attendre que les feuilles s'affaissent et réduire la température.

3. Ajouter le bouillon et le sucre, puis assaisonner le tout avec la sauce de soja. Mettre un couvercle sur le wok et faire cuire le pak choi *al dente* pendant environ 2 minutes. Verser quelques gouttes d'huile de sésame et servir.

Temps de préparation : 20 minutes
Par portion : 105 kcal/440 kj
P : 4 g, L : 8 g, G : 5 g

Pâtés espagnols

(sans photo)

Pour 4 personnes

300 g de petits pois congelés
500 g de carottes
1 gousse d'ail
30 g de beurre
Sel
Poivre
1 c.c. de sucre
2 œufs durs
1 bouquet de persil
100 g de crème fraîche
2 c.s. d'huile d'olive
4 moules à pâté

1. Faire dégeler les petits pois. Éplucher les carottes et les couper en rondelles. Éplucher la gousse d'ail et la hacher finement.

2. Préchauffer le four à 120 °C. Faire chauffer le beurre dans une poêle, puis y faire revenir les carottes. Ajouter les petits pois et l'ail. Assaisonner avec du sel, du poivre et du sucre.

3. Peler les œufs et les hacher finement. Laver, essuyer le persil et le hacher finement. Mélanger la crème fraîche avec l'huile d'olive, les œufs et le persil. Saler et poivrer.

4. Mettre les légumes dans les moules et verser le mélange à base de crème fraîche dessus. Faire cuire le tout sur la glissière médiane du four pendant environ 10 minutes.

Temps de préparation : 30 minutes
Par portion : 465 kcal/1 953 kj
P : 22 g, L : 29 g, G : 28 g

Vermicelles de riz aux poireaux (à gauche)

Pour 4 personnes

250 g de vermicelles de riz
2 poireaux
1 bouquet de coriandre
4 c.s. d'huile végétale
4 c.s. de nuoc mam
6 c.s. de sauce aux quatre saveurs

1. Faire cuire les vermicelles de riz selon les indications figurant sur le paquet, puis jeter l'eau ; passer ensuite les vermicelles sous l'eau froide et les mettre de côté. Éplucher le poireau, le couper en rondelles, le laver et l'essuyer.

2. Laver le coriandre, l'égoutter, détacher les petites feuilles des tiges et les couper en fines lamelles.

3. Faire chauffer l'huile végétale dans le wok et y faire revenir brièvement les rondelles de poireau. Ajouter les pâtes cuites et déglacer avec le nuoc mam et la sauce aux quatre saveurs. Incorporer le coriandre à la fin.

Temps de préparation : 20 minutes
Par portion : 381 kcal/1 596 kj
P : 10 g, L : 11 g, G : 34 g

Brocoli à l'ail *(en bas)*

Pour 4 personnes

500 g de brocoli
4 gousses d'ail
2 c.s. d'huile d'arachide
1 c.c. de sel
½ c.c de poivre noir fraîchement moulu
2 c.c. d'huile de sésame grillé

1. Laver le brocoli. Couper les parties dures, les éplucher et les couper en rondelles. Détailler ensuite la tête en petits bouquets. Éplucher les gousses d'ail et les hacher finement.

2. Chauffer un wok à feu vif, puis y verser l'huile d'arachide et attendre qu'elle soit devenue très chaude. Faire revenir l'ail, le sel et le poivre pendant 30 secondes tout en tournant, puis ajouter le brocoli et poursuivre encore 2 minutes la cuisson tout en remuant. Ajouter 7 c.s. d'eau, recouvrir le wok et faire cuire le tout pendant 5 minutes à feu vif.

3. Retirer le couvercle, contrôler si le brocoli est cuit. Verser l'huile e sésame à la fin, faire cuire le tout encore une fois 30 secondes, puis servir.

Temps de préparation : 15 minutes
(Temps de cuisson en sus)
Par portion : 122 kcal/510 kj
P : 3 g, L : 10 g, G : 4 g

Galettes de patates douces *(en bas à droite)*

Pour 4 personnes

4 à 6 patates douces de taille moyenne
Sel
200 g de couscous
2 œufs
Poivre
4 c.s. de farine
100 ml d'huile d'olive

1. Laver et éplucher les patates douces, les couper dans le sens de la longueur en tranches de 0,5 cm d'épaisseur. Blanchir ces tranches dans de l'eau salée bouillante pendant environ 1 minute.

2. Verser le couscous sur une assiette. Battre les œufs, puis saler et poivrer. Mettre également de la farine dans une assiette. Chauffer l'huile d'olive dans une poêle.

3. Retourner les tranches de patates douces successivement dans la farine, les œufs et le couscous, puis les faire dorer des deux côtés dans de l'huile d'olive très chaude pendant environ 2 minutes. Servir avec des légumes cuits à l'étuvée et du pain blanc.

Temps de préparation : 20 minutes
Par portion : 455 kcal/1 911 kj
P : 9 g, L : 21 g, G : 56

Ragoût exotique aux courgettes *(en haut)*

Pour 4 personnes

1 morceau de gingembre (2 cm)
3 courgettes, 4 c.s. d'huile de sésame, 200 g de raisins secs
Respectivement ½ c.c de cannelle, de coriandre, de cumin et de cardamome
600 ml de bouillon de légumes
100 g d'ananas en morceaux en boîte
2 bananes
3 c.s. de chutney à la mangue (produit industriel)
3 c.s. de liant pour sauce (maïzena par ex.)
4 c.s. de graines de courges non salées

1. Éplucher le gingembre et le hacher finement. Équeuter les courgettes, les laver, les couper en deux dans le sens de la longueur, puis en rondelles épaisses.

2. Chauffer l'huile de sésame dans une casserole et y faire revenir les rondelles de courgettes avec le gingembre. Ajouter les raisins secs et assaisonner le tout avec les aromates. Verser le bouillon de légumes et faire mijoter l'ensemble à feu doux pendant environ 8 minutes.

3. Égoutter les morceaux d'ananas dans une passoire. Éplucher les bananes et les couper en rondelles. Mélanger l'ananas, les bananes et le chutney avec les courgettes, puis faire chauffer le tout pendant environ 3 minutes. Laisser s'épaissir.

4. Faire griller les graines de courges dans une poêle. Saupoudrer le ragoût de courgettes avec les graines de courges et servir.

Temps de préparation : 20 minutes
Par portion : 433 kcal/1 816 kj
P : 7 g, L : 16 g, G : 63 g

Roulades de chou frisé à la sauce tomate

(à gauche)

Pour 4 personnes

800 g de chou frisé
Sel
800 g de blanc de poulet
4 oignons
6 gousses d'ail
6 c.s. d'huile de tournesol
2 c.s. de gingembre
fraîchement râpé
1 c.s. de poudre de curcuma
3 c.s. de garam masala
4 c.s. de jus de citron
Poudre de piment
Poivre
400 g de tomates pelées en boîte
200 g de yaourt
3 c.s. de crème liquide

Pommes de terre sautées au persil

(à droite)

Pour 4 personnes

750 g de petites pommes de terre
4 c.s. d'huile d'olive
Sel, poivre
½ bouquet de persil

1. Éplucher les pommes de terre, les laver ou bien les frotter avec une brosse à légumes. Chauffer l'huile dans une poêle. Couper les pommes de terre en huit et les faire dorer à la poêle dans de l'huile d'olive très chaude jusqu'à ce qu'elles soient croustillantes. Saler et poivrer.

2. Hacher finement le persil et le saupoudrer sur les pommes de terre. Servir ces pommes de terre sautées avec de la salade verte.

Temps de préparation : 10 minutes
(Temps de cuisson en sus)
Par portion : 158 kcal/663 kj
P : 4 g, L : 2 g, G : 28 g

1. Détacher 16 belles feuilles du chou frisé, les laver et les blanchir pendant environ 3 minutes dans de l'eau légèrement salée. Les passer à l'eau froide, les égoutter et les étendre sur une surface de travail. Couper le reste de chou en huit, ôter les parties dures et émincer les feuilles.

2. Laver et essuyer le blanc de poulet, puis le couper grossièrement. Le passer ensuite dans la grille moyenne du hachoir. Éplucher les oignons et les couper en dés. Éplucher les gousses d'ail et les hacher finement.

3. Chauffer l'huile et y faire revenir la viande avec les oignons, l'ail et le chou frisé. Assaisonner avec le gingembre, le curcuma, le garam masala, le jus de citron, la poudre de piment, le sel et le poivre. Faire étuver le tout pendant environ 10 minutes.

4. Faire chauffer les tomates avec le liquide, puis incorporer le yaourt et la crème fraîche. Répartir la farce de viande sur les feuilles de chou frisé et enrouler ces dernières. Dresser ces rouleaux avec la sauce tomate et servir avec le riz.

Temps de préparation : 30 minutes
Par portion : 500 kcal/2 100 kj
P : 56 g, L : 21 g, G : 13 g

Courgettes au fromage de brebis

(en haut)

Pour 4 personnes

4 courgettes (à 200 g)
Sel, poivre
½ c.s de poudre de paprika doux
4 c.c d'huile d'olive
100 g de fromage de brebis
1 c.s. d'herbes de Provence

1. Équeuter les courgettes, les laver, les essuyer et les couper en rondelles. Les assaisonner avec sel, poivre et poudre de paprika, puis les badigeonner avec de l'huile d'olive. Placer les rondelles de courgettes de chaque côté sur le grill chaud pendant 3 minutes.

2. Émietter le fromage de brebis et le répartir sur les rondelles de courgettes. Saupoudrer d'herbes de Provence et laisser sous le grill jusqu'à ce que le fromage commence à s'amollir.

Temps de préparation : 20 minutes
(Temps de passage sous grill en sus)
Par portion : 190 kcal/798 kj
P : 7 g, L : 15 g, G : 4 g

Conseil : vous pouvez essayer cette recette également avec d'autres sortes de légumes, par exemple avec des aubergines ou des poireaux. Et vous pouvez également remplacer le fromage de brebis par du fromage de chèvre.

Poêlée rustique de champignons *(sans photo)*

Pour 4 personnes

100 g de champignons des champs
1 gros oignon doux
100 g de lard maigre
250 g de panhas (boudin noir avec céréales)
3 noisettes de beurre
Sel
Poivre du moulin
4 tranches de pumpernickel
2 c.s. de persil haché

1. Éplucher les champignons et les émincer. Éplucher l'oignon et le couper en rondelles. Couper le lard et le panhas en dés. Chauffer le beurre dans une poêle et y faire revenir le lard.

2. Ajouter le panhas et le faire saisir brièvement. Ajouter l'oignon et les champignons. Saler et poivrer. Dresser les champignons poêlés sur des assiettes, garnir de persil et de pumpernickel, puis servir.

Temps de préparation : 15 minutes
Par portion : 305 kcal/1 281 kj
P : 11 g, L : 9 g, G : 44 g

Pâtes froides au sésame *(à droite)*

Pour 4 personnes

400 g de pâtes sèches aux œufs
Sel, 4 c.s. d'huile de sésame
4 ciboules
3 gousses d'ail
1 morceau de gingembre (3 cm)
2 c.c. de grains de poivre de Sichuan
3 c.s. de pâte de sésame
2 c.c. de sauce de haricots au piment
3 c.s. de vinaigre de riz blanc ou vinaigre de pomme
2 c.s. de jus d'orange
2 c.s. de sauce de soja claire
3 c.c. de sauce de soja foncée
½ c.c de poivre noir fraîchement moulu
2 c.c. de sucre
1 c.s. d'huile d'arachide

1. Faire cuire les pâtes *al dente* dans suffisamment d'eau salée bouillante, puis jeter l'eau, passer les pâtes à l'eau froide, les égoutter et les mélanger dans un plat creux avec 2 c.s. d'huile de sésame.

2. Éplucher les ciboules, les laver, les essuyer et les hacher finement. Éplucher l'ail et le gingembre, puis les hacher également finement. Faire griller les grains de poivre de Sichuan dans une poêle sans graisse pendant environ 3 minutes jusqu'à ce que leur arôme soit perceptible.

3. Mettre tous les ingrédients dans le mixer sauf les pâtes et les ciboules et mélanger le tout pour obtenir une consistance crémeuse. Ajouter ensuite cette préparation aux pâtes. Servir avec des ciboules en garniture.

Temps de préparation : 20 minutes
(Temps de cuisson en sus)
Par portion : 357 kcal/1 500 kj
P : 7 g, L : 23 g, G : 31 g

Haricots verts au riz et au paprika *(en haut)*

Pour 4 personnes

500 g de haricots verts
2 oignons
200 g de riz
50 ml d'huile d'olive
½ c.c de sel
20 g de beurre
Poudre de paprika

1. Éplucher les haricots, les laver, les égoutter et les émincer. Éplucher les oignons et les couper en dés. Laver le riz et l'égoutter. Chauffer l'huile dans une casserole et y faire revenir les oignons. Ajouter le riz et faire mijoter le tout en remuant.

2. Verser 400 ml d'eau, ajouter les haricots et faire cuire à faible température. Ajouter ½ c.s. de sel au bout de 5 minutes de cuisson.

3. Faire fondre le beurre dans une casserole et y incorporer la poudre de paprika. Une fois égoutté, mettre le riz aux haricots dans un plat creux et verser quelques gouttes de beurre au paprika dessus. Servir chaud ou froid.

Temps de préparation : 30 minutes
Par portion : 363 kcal/1 525 kj
P : 7 g, L : 17 g, G : 45 g

Galettes de pommes de terre *(en bas)*

Pour 20 morceaux

600 g de pommes de terre
1 oignon
25 g de farine
3 œufs
Sel
Poivre
3 c.s. de beurre clarifié
Sucre

1. Éplucher les pommes de terre et les râper, puis bien les presser dans un torchon. Éplucher l'oignon et le râper. Mélanger les pommes de terre avec l'oignon, la farine, les œufs, le sel et le poivre.

2. Chauffer le beurre clarifié dans une poêle et y faire dorer des deux côtés environ 20 galettes de pommes de terre formées à partir de la pâte. Saupoudrer de sucre et servir. Une compote de pommes constituera un accompagnement de choix.

Temps de préparation : 15 minutes
(temps de cuisson en sus)
Par morceau : 55 kcal/230 kj
P : 2 g, L : 2 g, G : 8 g

Galettes de chou-rave *(à droite)*

Pour 4 personnes

600 g de chou-rave
Sel, poivre
Jus de citron
100 g de farine
2 œufs
200 g de chapelure
4 c.s. d'huile végétale

1. Éplucher le chou-rave et les couper en tranches de 1 à 2 cm d'épaisseur. Faire cuire le chou-rave dans de l'eau bouillante salée pendant environ 2 minutes. Le retirer de l'eau et l'égoutter. Saler et poivrer, puis ajouter quelques gouttes de jus de citron.

2. Verser de la farine dans une assiette. Battre les œufs et les mettre dans une autre assiette. Puis verser la chapelure dans une troisième assiette.

3. Chauffer l'huile dans une poêle. Tourner les tranches de chou-rave successivement dans la farine, les œufs et la chapelure, puis les faire dorer des deux côtés dans de l'huile très chaude. Une sauce tomate fruitée conviendra tout à fait en accompagnement.

Temps de préparation: 20 minutes
(Temps de cuisson en sus)
Par portion : 328 kcal/1 378 kj
P : 11 g, L : 4 g, G : 61 g

Curry léger aux légumes *(à gauche)*

Pour 4 personnes

100 g haricots doliques ou des haricots verts en remplacement
100 g de carottes
100 g de mini-épis de maïs
4 aubergines thaï vertes, en remplacement 1 aubergine européenne
25 g de krachaï ou de gingembre en remplacement
3 c.s. d'huile
1 c.s. de pâte rouge au curry
500 ml de bouillon de légumes
3 feuilles de lime kaffir
2 piments verts

2 c.s. de sauce de soja claire
1 c.c. de sucre
½ c.c. de sel
3 brins de basilic thaï

1. Éplucher les haricots, les laver et les couper en morceaux de 3 cm de longueur. Éplucher les carottes et les couper en bâtonnets. Éplucher les mini-épis de maïs, les laver et les couper en morceaux de 3 cm de longueur. Équeuter les aubergines, les laver, les couper en dés de 2,5 cm et les laisser dans de l'eau froide jusqu'à leur utilisation. Éplucher le krachaï ou le gingembre et hacher finement.

2. Chauffer l'huile dans une casserole ou dans un wok, y incorporer la pâte au curry et saisir brièvement ; puis ajouter le krachaï et le bouillon de légumes et porter à ébullition.

3. Hacher finement les feuilles de lime, équeuter les piments, les laver et les couper en fines rondelles. Ajouter ces deux ingrédients au bouillon conjointement avec les légumes, la sauce de soja, le sucre et le sel. Mélanger bien le tout et faire cuire pendant environ 5 minutes. Pendant ce temps-là, laver et égoutter le basilic, puis en détacher les feuilles. Mélanger le basilic dans le curry et servir.

Temps de préparation : 20 minutes
(Temps de cuisson en sus)
Par portion : 223 kcal/935 kj
P : 3 g, L : 19 g, G : 10 g

Galettes de courgettes avec sauce au lassi

(en bas)

Pour 4 personnes

250 g de lassi nature
1 c.s. de jus de citron
5 c.s. d'herbes mélangées et fraîchement hachées
Sel, poivre
400 g de courgettes
300 g de carottes
½ bouquet de coriandre
6 œufs
75 ml de lait
2 c.s. d'huile d'olive

1. Mélanger le lassi avec le jus de citron et les fines herbes, puis saler et poivrer. Le garder au froid jusqu'au moment de servir.

2. Équeuter les courgettes, les laver et les râper grossièrement. Éplucher les carottes et les râper finement. Laver et égoutter le coriandre, puis le hacher finement. Battre les œufs avec le lait et le coriandre, incorporer les légumes râpés, puis saler et poivrer.

3. Chauffer l'huile d'olive dans une poêle. Former des galettes de légumes à partir de la préparation et les cuire des deux côtés pour qu'elles soient croustillantes. Servir ces galettes de courgettes avec la sauce au lassi.

Temps de préparation : 15 minutes
(Temps de cuisson en sus)
Par portion : 268 kcal/1 122 kj
P : 17 g, L : 16 g, G : 10 g

Canapés à la tomate et aux fines herbes
(en haut à droite)

Pour 4 personnes

12 tranches de pain complet
80 g de beurre à l'oignon frit
300 g de tomates à pizza en boîte
200 g de fromage frais
4 c.s. de crème épaisse
½ botte de ciboule
½ bouquet de persil
½ bouquet de basilic
Sel, poivre
5 c.s. de pecorino râpé
Fromage pour les petits moules

1. Découper 12 rondelles d'environ 10 cm de diamètre dans le pain. Beurrer des moules à tartelettes. Préchauffer le four à 170 ° C.

2. Étaler un peu de beurre fondu aux oignons frits des deux côtés des rondelles de pain et les mettre dans les petits moules. Les faire brunir au four pendant environ 15 minutes. Puis les laisser refroidir et retirer avec précaution le pain des petits moules.

3. Mélanger les tomates à pizza, le fromage frais et la crème épaisse. Éplucher les ciboules, les laver et les couper en fines rondelles. Laver et essuyer les fines herbes, puis les hacher finement. Incorporer les ciboules et les fines herbes dans la préparation à base fromage frais, puis saler et poivrer.

4. Étaler ce mélange sur les rondelles de pain. Mettre ces rondelles dans un moule plat et allant au four, puis les saupoudrer de formage. Faire dorer le tout sur la glissière médiane du four pendant environ 6 minutes.

Temps de préparation : 20 minutes
(Temps de cuisson en sus)
Par portion : 366 kcal/1 538 kj
P : 13 g, L : 18 g, G : 34 g

Concombre de Sichuan *(en haut)*

Pour 4 personnes

150 g de boulgour
2 concombres de taille moyenne
1 botte de ciboule
1 morceau de gingembre (4 cm)
2 gousses d'ail, 1 piment rouge
3 à 4 c.s. d'huile de sésame
1 c.s. de cassonade
2 à c.s. de sauce de soja
1 à 2 c.c. d'épices de Sichuan (produit industriel)
1 c.s. d'huile au piment

1. Préparer le boulgour. Laver les concombres, les couper en deux, en ôter les pépins, puis les couper en tranches obliques.

2. Éplucher les ciboules, les laver et les couper en petites rondelles. Éplucher le gingembre et les gousses d'ail, puis les hacher finement. Laver et épépiner le piment, puis le couper en petits dés.

3. Chauffer l'huile et y faire cuire les légumes pendant environ 6 à 7 minutes tout en tournant. Ajouter la cassonade, la sauce de soja et l'épice. Y verser également l'huile au piment. Laisser mijoter le tout pendant encore 6 à 8 minutes. Une fois le boulgour prêt, l'incorporer avec précaution dans le wok avec tous les autres ingrédients, puis présenter l'ensemble dans des petites coupelles.

Temps de préparation : 25 minutes
Par portion : 257 kcal/1 075 kj
P : 6 g, L : 15 g, G : 19 g

2. Verser les mixed pickles dans une passoire et bien les égoutter. Puis les couper menu.

3. Chauffer l'huile d'arachide et y faire cuire les légumes pendant environ 5 minutes. Battre les œufs et les assaisonner. Les ajouter aux légumes et les faire cuire pendant environ 3 à 5 minutes jusqu'à ce qu'ils deviennent fermes. Laver et essuyer les feuilles de coriandre, en détacher les feuilles et les hacher finement.

4. Remplir les tortillas avec le mélange légumes-œufs, saupoudrer de fromage et faire dorer sous le grill pendant environ 5 minutes. Répartir quelques feuilles de coriandre et servir. Une salsa aux tomates fraîches conviendra très bien en accompagnement.

Temps de préparation : 30 minutes
Par portion : 823 kcal/3 456 kj
P : 34 g, L : 47 g, G : 56 g

Tortillas avec œufs et salsa piquante *(à droite)*

Pour 4 personnes

8 tortillas
250 g de grains de maïs congelés
200 g de petits pois congelés
150 g de mixed pickles
3 à 4 c.s. d'huile d'arachide
6 œufs
Sel
Poivre
Poudre de piment
Poudre de cumin
½ bouquet de coriandre
200 g de cheddar râpé

1. Enrouler chaque tortilla, les mettre dans du papier alu et les chauffer au four à 150 °C pendant environ 12 minutes. Faire un peu dégeler les grains de maïs et les petits pois.

Chou pointu doux-amer *(en haut)*

Pour 4 personnes

650 g de chou pointu
5 tomates allongées
4 oignons rouges
4 c.s. d'huile d'olive
3 c.s. de vinaigre de vin rouge
1 c.s. de cassonade
Sel, poivre
6 tranches de pain de mie
2 gousses d'ail
2 c.s. d'huile de tournesol

1. Faire bouillir de l'eau. Éplucher le chou pointu, le laver et en ôter les parties dures. Couper les feuilles en lamelles. Laver les tomates, les inciser en croix, les plonger brièvement dans l'eau bouillante, les peler et les couper en dés.

2. Éplucher les oignons et les couper également en dés. Chauffer l'huile et y faire revenir les oignons. Au bout de 3 minutes, ajouter le chou et les tomates. Verser quelques gouttes de vinaigre et assaisonner. Puis laisser s'imprégner pendant environ 4 minutes.

3. Couper le pain de mie en dés. Éplucher les gousses d'ail et les presser. Chauffer l'huile et y faire griller les dés de pain avec l'ail. Répartir ces croutons sur les légumes et servir.

Temps de préparation : 30 minutes
Par portion : 306 kcal/1 288 kj
P : 5 g, L : 22 g, G : 12 g

Petits gâteaux de courgettes avec fromage de brebis

(en bas)

Pour 4 personnes

250 g de courgettes
200 g de fromage de brebis
1 bouquet de fines herbes
2 œufs, 50 g de farine
1 c.s. de fécule de maïs
200 g de purée de pommes de terre en flocons (produit industriel)
2 c.s. d'huile d'olive

1. Équeuter les courgettes, les laver et les hacher finement avec le robot. Émietter le fromage de brebis et le mélanger avec les courgettes. Laver les fines herbes, les égoutter et les hacher. Ajouter les œufs et les fines herbes aux courgettes et au fromage de brebis, puis mélanger.

2. Mélanger la farine avec la fécule de maïs et la purée de pommes de terre en flocons, puis travailler le tout avec le mélange courgettes-fromage de brebis pour obtenir une pâte crémeuse. Chauffer l'huile d'olive et y cuire successivement 8 petits gâteaux croustillants. Servir avec le fromage aux herbes ou du tsatsiki.

Temps de préparation : 20 minutes
(Temps de cuisson en sus)
Par portion : 152 kcal/636 kj
P : 15 g, L : 18 g, G : 18 g

5. Assaisonner la ratatouille avec du sel, du poivre et du curcuma, garnir avec des feuilles de lime kaffir émincées et servir.

Temps de préparation : 30 minutes
Par portion : 212 kcal/888 kj
P : 12 g, L : 6 g, G : 23 g

Ratatouille avec ananas et physalis
(en haut)

Pour 4 personnes

2 échalotes
2 gousses d'ail
1 poivron rouge
1 poivron vert
1 poivron jaune
1 courgette verte
2 courgettes jaunes
1 mini-ananas
10 physalis
3 c.s. d'huile d'olive
2 c.s. de concentré de tomates
1 branche de thym, 1 branche de romarin et 1 branche d'origan
200 ml de bouillon de volaille
Sel, poivre
1 c.c. de curcuma moulu
3 à 4 feuilles de lime kaffir

1. Éplucher et hacher les échalotes ainsi que les gousses d'ail. Équeuter les poivrons, les laver, les épépiner et les couper en dés. Équeuter les courgettes, les laver, les couper en quatre, puis en petits morceaux.

2. Éplucher les mini-ananas, en ôter la partie centrale dure et couper la chair en dés. Dégager les physalis de leur enveloppe et les couper en deux.

3. Chauffer l'huile d'olive et y faire revenir tout d'abord les échalotes et l'ail, puis les poivrons, les courgettes et les fruits tout en tournant. Au bout d'environ 3 minutes, incorporer le concentré de tomates.

4. Laver et égoutter les brins des différentes herbes, en détacher les petites feuilles et les aiguilles, puis les ajouter aux légumes. Verser ensuite le bouillon de volaille et laisser réduire.

Omelette tex-mex
(sans photo)

Pour 4 personnes

1 poivron rouge
1 piment vert
1 gros oignon doux
4 tomates
1 avocat
4 œufs
Eau minérale
Sel, poivre
Tabasco
4 c.s. d'huile au piment

1. Équeuter le poivron, le laver, le couper en deux, l'épépiner et l'émincer. Équeuter le piment, le laver et le couper en rondelles. Éplucher l'oignon et le couper en dés.

2. Laver les tomates, les couper en deux, puis en fines tranches. Éplucher l'avocat, le dénoyauter et en couper la chair en petits morceaux.

3. Dans un plat creux, mélanger les œufs avec un peu d'eau minérale, puis ajouter les légumes et l'avocat. Assaisonner le tout avec du sel, du poivre et du tabasco. Chauffer l'huile dans une poêle et y faire cuire 4 omelettes séparées. Servir avec une salade verte.

Temps de préparation : 20 minutes
Par portion : 280 kcal/1 176 kj
P : 15 g, L : 10 g, G : 31 g

Légumes asiatiques

(en bas)

Pour 4 personnes

100 g de chou chinois
125 g de carottes
125 g de champignons shiitake frais
125 g de pois gourmands
50 g de gingembre
2 gousses d'ail, 2 piments rouges
100 g de pousses de bambous confites
4 c.s. d'huile de tournesol
150 g de morceaux d'ananas en boîte
4 c.s. de vinaigre de riz
4 c.s. de sauce de soja claire
4 c.s. de sherry, 2 c.s. de sucre
200 ml de bouillon de légumes
1 c.c. de fécule de maïs

1. Laver et essuyer le chou chinois, couper les feuilles en deux dans le sens de la longueur, puis en lamelles de 2 cm de largeur. Éplucher les carottes et les couper en fines rondelles. Frotter les champignons avec du papier absorbant et les couper en deux. Laver les pois gourmands et les couper en deux.

2. Éplucher le gingembre et le couper en très fines rondelles. Éplucher l'ail et le hacher finement. Laver et épépiner les piments, puis les couper en lamelles. Égoutter les pousses de bambous dans une passoire.

3. Chauffer l'huile dans un wok et y faire revenir les carottes avec les champignons, les pois gourmands et le chou chinois. Ajouter le gingembre, l'ail et le piment et faire saisir brièvement. Incorporer les pousses de bambous, les morceaux d'ananas, le vinaigre, la sauce de soja, le sherry et le sucre. Verser ensuite ¾ de bouillon et mélanger.

4. Mélanger la fécule avec le reste de bouillon froid, verser ensuite sur les légumes et remuer immédiatement. Faire mijoter pendant 4 minutes. Présenter le tout dans des petites coupelles et servir.

Temps de préparation : 20 minutes
Par portion : 222 kcal/930 kj
P : 4 g, L : 11 g, G : 25 g

Boulettes de petits pois *(en bas à droite)*

Pour 4 personnes

200 g de petits pois jaunes cuits
1 oignon
1 bouquet de persil
30 g de chapelure
50 g de fromage à pâte dure fraîchement râpé
1 œuf
Sel, poivre noir
¼ c.c. de poudre de paprika
Farine pour tremper les légumes
Huile d'olive pour la friture

1. Égoutter les petits pois et les laisser refroidir. Ils doivent être en purée. Éplucher l'oignon et le hacher finement. Laver le persil, l'égoutter et le hacher également.

2. Mélanger l'oignon, le persil, la chapelure, le fromage et l'œuf dans un plat creux. Saler et poivrer. Incorporer la purée de petits pois et épicer avec la poudre de paprika.

3. Avec les mains, former de petites boulettes à partir de cette pâte. Tourner ces boulettes dans la farine. Chauffer l'huile d'olive dans une casserole profonde et y faire dorer les boulettes de petits pois. Les égoutter ensuite sur du papier absorbant.

Temps de préparation : 20 minutes
Par portion : 353 kcal/1 481 kj
P : 12 g, L : 23 g, G : 25 g

Purée de pommes de terre classique *(en haut)*

Pour 4 personnes

1 kg de pommes de terre, sel
30 g de beurre
1 jaune d'œuf
250 ml de lait
Noix muscade râpée
1 c.s. de sucre selon les goûts

1. Faire cuire les pommes de terre avec leur peau dans de l'eau salée pendant environ 20 minutes, puis jeter l'eau, les égoutter et les peler. Bien les écraser ou les passer au presse-purée.

2. Verser la purée de pommes de terre dans une casserole et incorporer le beurre, le jaune d'œuf et le lait à faible température. Puis assaisonner la purée selon les goûts avec du sel, de la noix muscade et du sucre. Battre ensuite la purée avec un fouet jusqu'à ce qu'elle ait presque la consistance d'une mousse.

Temps de préparation : 10 minutes
(Temps de cuisson en sus)
Par portion : 309 kcal/1 294 kj
P : 8 g, L : 11 g, G : 43 g

3. Faire chauffer l'huile et y faire revenir les légumes. Ajouter le tofu. Assaisonner avec sel, poivre de Cayenne, ail et poudre de piment. Incorporer de la crème fraîche. Faire griller les graines de sésame dans une poêle sans graisse. Remplir ce mélange de légumes dans les choux-raves, saupoudrer de graines de sésame et servir.

Temps de préparation : 25 minutes
Par portion : 336 kcal/1 413 kj
P : 8 g, L : 34 g, G : 24 g

Choux-raves farcis au tofu *(en haut)*

Pour 4 personnes

4 choux-raves de taille moyenne
375 ml de bouillon de légumes à la levure
Sel aux fines herbes
400 g de tofu
5 c.s. de sauce de soja
1 c.s. de vinaigre de sherry
2 carottes
100 g de céleri-rave
100 g de brocoli
4 c.s. d'huile de sésame
Sel, poivre de Cayenne
Poudre d'ail
Poudre de piment Jamaïque
100 g de crème fraîche aux herbes
3 c.s. de graines de sésame

1. Éplucher les choux-raves, leur découper un « chapeau » et creuser l'autre partie en laissant un bord de 1 cm. Laisse mijoter les choux-raves dans le bouillon avec un peu de sel aux fines herbes pendant environ 8 minutes. Puis jeter l'eau et égoutter.

2. Entre temps, égoutter le tofu et le couper en petits dés. Verser dessus quelques gouttes de sauce de soja et de vinaigre, puis laisser s'imprégner. Éplucher les carottes et le céleri, puis les couper en dés. Éplucher le brocoli, le laver et le détailler en bouquets.

Figues grillées au fromage de chèvre
(en bas)

Pour 4 personnes

8 figues mûres
150 g de fromage de chèvre doux
1 orange non traitée
8 branches de romarin
1 pincée de poivre de Cayenne, sel
8 fines tranches de jambon serrano
2 c.s. d'huile d'olive

1. Préchauffer le four à 190 °C. Équeuter les figues et les frotter délicatement, puis les inciser en croix côté fleur, mais ne pas les couper.

2. Diviser le fromage en 8 morceaux. Laver l'orange à l'eau chaude et l'essuyer, puis en râper le zeste.

3. Laver le romarin et l'égoutter. Placer le fromage au cœur des figues, puis garnir avec le zeste d'orange, un peu de poivre de Cayenne et du sel.

4. Entourer chaque figue d'un tranche de jambon serrano et maintenir avec 1 brin de romarin. Mettre les figues sur une plaque allant au four et verser dessus quelques gouttes d'huile d'olive. Faire cuire pendant environ 10 minutes dans le four préchauffé, puis servir les figues brûlantes ou très chaudes.

Temps de préparation : 15 minutes
(Temps de cuisson en sus)
Par portion : 158 kcal/662 kj
P : 10 g, L : 8 g, G : 10 g

Risotto de légumes au vin blanc *(en haut)*

Pour 4 personnes

1 oignon
2 c.s. d'huile d'olive
200 g de riz pour risotto
800 ml de bouillon de légumes
2 ciboules
2 poireaux
1 c.s. d'huile
100 g de petits pois congelés
50 g de champignons de Paris
150 ml de vin blanc
Sel
Poivre
1 c.c. de thym séché

1. Éplucher l'oignon et le hacher. Chauffer l'huile d'olive et y faire revenir l'oignon. Ajouter le riz pour risotto et faire mijoter pendant 2 minutes tout en tournant. Puis verser peu à peu le bouillon de légumes, à chaque fois autant que nécessaire pour que le riz soit recouvert, puis en rajouter lorsque le liquide aura été absorbé. Ne pas cesser de remuer pendant cette phase.

2. Éplucher les ciboules et les poireaux, les laver et les couper en rondelles. Faire chauffer l'huile, puis y faire revenir l'oignon et les rondelles de poireaux. Ajouter les petits pois congelés et faire mijoter l'ensemble tout en remuant.

3. Éplucher les champignons, les frotter avec un chiffon humide, les émincer, puis les ajouter. Verser le vin blanc et laisser un peu réduire. Assaisonner avec du sel, du poivre et du thym séché. Incorporer les légumes dans le riz crémeux et servir.

Temps de préparation : 30 minutes
Par portion : 282 kcal/1 181 kj
P : 7 g, L : 6 g, G : 47 g

Poêlée de légumes

(sans photo)

Pour 4 personnes

2 piments rouges
6 à 7 noix de pécan
4 à 5 ciboules
1 à 2 c.s. de poudre aux cinq épices
1 concombre
6 carottes
2 poivrons verts
1 morceau de gingembre
5 gousses d'ail
3 c.s. d'huile de noix
2 c.s. de sucre
3 c.s. de vinaigre de riz

1. Laver les piments rouges, les couper en deux, les épépiner, puis les mettre dans le mixer avec les noix. Éplucher les ciboules, les laver et en émincer grossièrement la moitié. Les mettre dans le mixer avec les autres ingrédients ainsi que la poudre aux cinq épices, puis réduire le tout en une fine purée.

2. Laver et essuyer le concombre. Éplucher les carottes et les couper en bâtonnets d'environ 3 cm de long tout comme le concombre. Couper les ciboules restants en rondelles.

3. Laver les piments verts, les épépiner et les couper en lamelles. Éplucher le gingembre et le couper en dés. Éplucher l'ail et le couper en rondelles. Chauffer l'huile et y faire revenir la purée épicée avec les piments, le gingembre et l'ail.

3. Ajouter le sucre et le vinaigre, puis laisser réduire jusqu'à obtention d'une sauce épaisse. Ajouter les légumes et les y faire mijoter pendant environ 5 minutes.

Temps de préparation : 25 minutes
Par portion : 332 kcal/1 396 kj
P : 18 g, L : 13 g, G : 33 g

Gratin de tomates au fromage de brebis

(en bas)

Pour 4 personnes

750 g de tomates
1 gousse d'ail
5 c.s. d'huile d'olive
Sel, poivre
2 c.s. de câpres égouttées
400 g de fromage de brebis
1 c.s. de petites feuilles fraîches de thym

1. Laver les tomates, les équeuter et les couper en tranches. Éplucher l'ail et le hacher.

2. Graisser un moule à gratin avec 2 c.s. d'huile d'olive et le garnir de tranches de tomates, saler et poivrer, puis répartir dessus les câpres égouttées et l'ail haché.

3. Couper le fromage de brebis en tranches et le répartir sur le mélange de tomates. Verser le reste d'huile d'olive sur l'ensemble et saupoudrer de feuilles de thym. Faire cuire au four à 200 °C (chaleur tournante 180 °C) pendant environ 20 minutes.

Temps de préparation : 10 minutes
Par portion : 322 kcal/1 348 kj
P : 19 g, L : 24 g, G : 6 g

Gratin endives-jambon au vin blanc
(en haut)

Pour 4 personnes

4 endives
Sel
4 tranches de jambon cuit
100 ml de vin blanc
150 g de crème fraîche
Poivre
Beurre pour le moule

1. Éplucher les endives, les laver, en retirer la partie amère ; faire cuire ensuite les endives dans de l'eau salée bouillante pendant environ 4 minutes, puis jeter l'eau, les passer sous l'eau froide et les égoutter.

2. Envelopper chaque endive d'une tranche de jambon cuit et les mettre dans un plat beurré.

3. Verser le vin blanc. Saler et poivrer la crème fraîche et la répartir sur les endives. Faire cuire dans le four à 220 °C (chaleur tournante 200 °C) pendant environ 15 minutes. Servir avec de la baguette fraîche.

Temps de préparation : 15 minutes
(Temps de cuisson en sus)
Par portion : 228 kcal/955 kj
P : 7 g, L : 18 g, G : 3 g

Riz aux légumes avec feuilles de vigne et fromage de brebis
(en bas)

Pour 4 personnes

150 à 200 g de riz basmati
400 ml de fond de légumes
250 g de feuilles d'épinard congelées
4 tomates, 3 à 4 c.s. d'huile d'olive
Sel, poivre
1 c.c. d'origan effeuillé
1 c.c. de thym effeuillé
2 à 3 c.s. de jus de citron
1 à 2 c.s. de zeste de citron
8 feuilles de vigne confites
150 g de fromage de brebis

1. Faire cuire le riz dans le fond de légumes bouillant pendant environ 15 minutes. Équeuter les tomates, les laver, les inciser en croix, les ébouillanter et les peler. Ôter les pépins de la chair et couper cette dernière en dés.

2. Chauffer l'huile et y faire mijoter les dés de tomates avec les épinards pendant environ 6 à 8 minutes. Assaisonner avec du sel, du poivre et des fines herbes. Ajouter le jus et le zeste de citron et incorporer le riz.

3. Bien mélanger et faire chauffer. Égoutter les feuilles de vigne. En poser 2 sur chaque assiette. Y dresser le riz, le saupoudrer de fromage de brebis émietté et servir.

Temps de préparation : 30 minutes
Par portion : 420 kcal/1 764 kj
P : 12 g, L : 19 g, G : 42 g

Pleurotes à l'ail *(en haut)*

Pour 4 personnes

600 g de pleurotes
9 gousses d'ail
4 c.s. d'huile d'arachide
4 c.s. de sauce de soja
½ c.c. de poudre aux cinq épices
1 c.s. d'huile de sésame foncée

1. Éplucher les pleurotes, les frotter avec un chiffon humide, ôter les pieds trop gros, émincer le reste. Éplucher l'ail et le couper en très fines rondelles.

2. Chauffer l'huile d'arachide à haute température dans un wok et y faire revenir l'ail pendant environ 30 secondes tout en tournant. Puis ajouter les champignons et les faire cuire pendant 5 minutes en remuant.

3. Assaisonner le tout avec de la sauce de soja et de la poudre aux cinq épices, puis verser quelques gouttes d'huile de sésame.

Temps de préparation : 15 minutes
(Temps de cuisson en sus)
Par portion : 157 kcal/658 kj
P : 5 g, L : 15 g, G : 2 g

Poêlée de courgettes aux tomates *(en bas)*

Pour 4 personnes

5 ciboules
1 gousse d'ail
2 c.s. d'huile d'olive
400 g de courgettes
300 g de tomates
Sel, poivre
1 c.s. de thym haché
1 c.s. de romarin haché

1. Éplucher les ciboules, les laver et les couper en rondelles. Éplucher les gousses d'ail et les hacher. Chauffer l'huile d'olive et y faire revenir l'ail.

2. Équeuter les courgettes, les laver et les couper en rondelles. Laver les tomates, les équeuter et couper la chair en huit. Ajouter les courgettes et les tomates au mélange d'ail et de ciboules, puis faire mijoter le tout pendant environ 10 minutes en remuant.

3. Assaisonner avec le sel, le poivre, le thym et le romarin. Servir pour accompagner une viande ou un poisson ou bien comme plat principal avec du riz ou des pâtes.

Temps de préparation : 15 minutes
(Temps de cuisson en sus)
Par portion : 96 kcal/402 kj
P : 2 g, L : 5 g, G : 7 g

Pilaw aux fruits et aux ciboules (à droite)

Pour 4 personnes

60 g abricots secs sans soufre
Jus d'1 orange
2 ciboules
2 c.s. d'huile de tournesol
3 noisettes de beurre
250 g de riz long
5 c.s. de raisins secs
½ c.c. de poudre de cardamome
1 c.c. de garam masala
1 c.c. de poudre de curry
2 c.s. de pistaches

1. Faire tremper les abricots secs pendant 5 minutes dans du jus d'orange. Éplucher les ciboules, les laver et les couper en fines rondelles.

2. Chauffer l'huile avec le beurre dans une poêle et y faire revenir les ciboules tout en remuant. Ajouter le riz et le faire blondir.

3. Égoutter les abricots, les émincer et les ajouter au riz avec les raisins secs préalablement lavés. Incorporer ensuite les épices dans le pilaw.

4. Ajouter le jus d'orange et 250 ml d'eau, puis laisser gonfler à couvert et à faible température pendant environ 15 à 20 minutes. Servir avec les pistaches hachées.

Temps de préparation : 30 minutes
Par portion : 380 kcal/1 590 kj
P : 6 g, L : 8 g, G : 66 g

Légumes avec sauce à l'ail *(à droite)*

Pour 4 personnes

1 petite aubergine
1 petite courgette
1 poivron rouge
1 poivron vert
8 tomates cerises
4 oignons rouges
4 c.s. de beurre à l'ail
1 oignon
4 gousses d'ail
175 g de yaourt
2 c.s. d'huile d'olive
2 c.s. de mayonnaise
1 c.s. de jus de citron
Sel
Poivre
8 piques à brochettes en bois

1. Équeuter l'aubergine, la courgette et les poivrons, puis les laver. Couper l'aubergine et la courgette en rondelles, puis couper les poivrons en morceaux d'égales grosseurs.

2. Laver les tomates, éplucher les oignons rouges et les couper en quatre. Faire alterner les légumes et les quartiers d'oignons sur des piques en bois. Faire fondre le beurre à l'ail et en badigeonner les brochettes de légumes. Passer les brochettes au grill pendant environ 10 minutes en veillant à les retourner plusieurs fois.

3. Éplucher et hacher l'oignon restant. Éplucher et écraser les gousses d'ail. Pour la sauce, mélanger les gousses d'ail, le yaourt, la mayonnaise, l'oignon et le jus de citron. Saler et poivrer. Servir les brochettes avec une galette de pain et la sauce.

Temps de préparation : 20 minutes
(Temps de passage au grill en sus)
Par portion : 122 kcal/513 kj
P : 5 g, L : 6 g, G : 10 g

Gratin de concombres

(en haut à droite)

Pour 4 personnes

2 gros concombres, 350 g de tofu
4 piments rouges
½ botte de ciboule
2 gousses d'ail
Sel, poivre
Respectivement 1 c.c. de poudres de coriandre, de cumin et de moutarde
1 c.s. de sauce au piment
100 g de yaourt
100 g de parmesan râpé
Beurre pour le moule

1. Laver les concombres, les couper en deux dans le sens de la longueur, puis en rondelles. Couper le tofu en dés. Préchauffer le four à 170 °C.

2. Laver les piments, les couper en deux dans le sens de la longueur, les épépiner et les hacher. Éplucher les ciboules, les laver et les couper en rondelles. Éplucher les gousses d'ail et les presser. Mélanger le tofu avec les piments, les cibouleset l'ail.

3. Assaisonner le tout avec du sel, du poivre, les poudres de coriandre, de cumin et de moutarde ainsi qu'avec de la sauce au piment. Incorporer ensuite le yaourt et le parmesan.

4. Beurrer un moule allant au four et y déposer les morceaux de concombres. Recouvrir le tout avec la préparation de yaourt et faire gratiner au four sur la glissière médiane pendant environ 15 minutes.

Temps de préparation : 30 minutes
Par portion : 352 kcal/1 479 kj
P : 7 g, L : 24 g, G : 24 g

Asperges sauvages à l'andalouse (à droite)

Pour 4 personnes

600 g d'asperges sauvages ou d'asperges vertes
Sel
1 œuf
1 c.s. de lait
6 c.s. d'huile d'olive
2 c.s. de farine
Poivre

1. Éplucher les asperges, les laver et couper leur extrémité à environ 14 cm. Utiliser le reste à d'autres fins. Faire bouillir un peu d'eau dans une casserole et la saler. Y faire cuire les pointes d'asperges pendant environ 2 à 3 minutes, puis bien les égoutter.

2. Battre vigoureusement l'œuf avec le lait. Faire chauffer l'huile dans une poêle. Tourner les pointes d'asperges égouttées dans la farine, les plonger dans le mélange œuf-lait puis immédiatement dans l'huile d'olive très chaude. Les retirer ensuite et les égoutter sur du papier absorbant. Saler et poivrer les pointes d'asperges et les servir chaudes.

Temps de préparation : 15 minutes
(Temps de cuisson en sus)
Par portion : 220 kcal/923 kj
P : 5 g, L : 20 g, G : 5 g

Tortilla classique *(à droite)*

Pour 4 personnes

4 grosses pommes de terre
1 gros oignon
100 ml d'huile d'olive
Gros sel, 5 œufs

1. Éplucher les pommes de terre et les râper en rondelles de 3 mm d'épaisseur. Couper l'oignon en fines rondelles. Chauffer l'huile, y mettre les pommes de terre et l'oignon en couches successives en veillant à saler chacune d'entre elles. Faire cuire à feu doux mais en arrêtant juste avant que les pommes de terre soient complètement cuites et en remuant de temps en temps. Les pommes de terre ne doivent pas brunir. Égoutter les pommes de terre et l'oignon, récupérer la graisse.

2. Battre les œufs en mousse. Les verser sur les pommes de terre et l'oignon, puis laisser reposer pendant 10 minutes. Porter à très haute température 2 c.s. de graisse de cuisson dans la poêle, ajouter la préparation œufs-pommes de terre, lisser et réduire le température.

3. Renverser l'omelette à l'aide d'une assiette et faire brunir également la partie supérieure. Couper l'omelette en triangles et servir ce plat chaud ou froid.

Temps de préparation : 25 minutes
Par portion : 483 kcal/2 027 kj
P : 14 g, L : 34 g, G : 31 g

Quesadilla *(à gauche)*

Pour 4 personnes

4 wraps (produit industriel)
2 c.s. d'huile
200 g de fromage de brebis
150 g d'olives noires dénoyautées
150 g de grains de maïs
1 oignon, 3 tomates
2 gousses d'ail
1 piment vert
2 noisettes de beurre au piment
Sel, poivre
Poudre de piment

1. Faire cuire les wraps des deux côtés dans l'huile selon les instructions figurant sur le paquet. Égoutter le fromage et le couper en dés. Égoutter les olives et les couper en deux. Égoutter les graines de maïs.

2. Éplucher l'oignon et le couper en dés. Laver et essuyer les tomates, puis les couper en dés. Éplucher les gousses d'ail et les presser. Équeuter le piment, le laver, le couper en deux dans le sens de la longueur, l'épépiner et le couper en lamelles.

3. Faire chauffer le beurre au piment et y faire cuire les légumes pendant environ 4 minutes. Assaisonner avec du sel, du poivre et de la poudre de piment. Puis répartir le tout sur les wraps, enrouler et servir.

Temps de préparation : 30 minutes
Par portion : 385 kcal/1 612 kj
P : 21 g, L : 18 g, G : 33 g

Galettes de pommes de terre aux fines herbes *(sans photo)*

Pour 4 personnes

400 g de pommes de terre, sel
1 bouquet de ciboule
1 bouquet de ciboulette
1 bouquet de persil
1 bouquet de livèche
250 ml de bouillon de légumes à la levure
Poivre
1c.c. de graines de cumin
4 c.s. d'huile d'olive

1. Brosser les pommes de terre sous l'eau courante, puis les faire cuire dans de l'eau légèrement salée pendant environ 18 minutes.

2. Éplucher les ciboules, les laver et les couper en rondelles. Laver la ciboulette, l'essuyer et la couper en petites rondelles. Laver et essuyer les restes de fines herbes, puis les hacher finement.

3. Retirer les pommes de terre, les égoutter et les peler. Le mettre dans une casserole avec le bouillon chaud, puis réduire le tout en purée avec le mixer.

4. Incorporer les fines herbes et les ciboulesdans la préparation de pommes de terre. Assaisonner le tout avec du sel, du poivre et du cumin.

5. Faire chauffer l'huile dans une poêle, former des galettes à partir de la purée et les faire dorer dans l'huile. Dresser ensuite le tout sur des assiettes, garnir de persil et de ciboulette, puis servir avec un verre de petit-lait. Du fromage blanc aux fines herbes constituera un très bon accompagnement.

Temps de préparation : 30 minutes
Par portion : 435 kcal/1 827 kj
P : 16 g, L : 7 g, G : 74 g

Pâtes muscadées aux pommes de terre
(en bas)

Pour 4 personnes

750 g de pommes de terre (cuites la veille)
1 œuf
1 à 2 c.s. de farine
Sel
Poivre
½ c.c. de noix muscade moulue
8 c.s. de beurre clarifié

1. Peler les pommes de terre et les passer au presse-purée. Mélanger la purée de pommes de terre avec l'œuf, la farine, le sel, le poivre et la noix muscade. Cette pâte ne doit pas être trop molle. Rajouter éventuellement un peu de farine.

2. À partir de la pâte, former avec les mains farinées des pâtes longues et de l'épaisseur d'un doigt. Faire chauffer le beurre clarifié dans une poêle à bord haut et y faire dorer les pâtes aux pommes de terre. Les servir en accompagnement d'une salade ou d'une viande.

Temps de préparation : 20 minutes
(Temps de cuisson en sus)
Par portion : 432 kcal/1 811 kj
P : 6 g, L : 32 g, G : 31 g

Artichauts avec sauce aux fines herbes *(en haut à droite)*

Pour 4 personnes

4 gros artichauts frais
Sel
Jus d'un citron
200 g de yaourt
100 g de crème légère
100 ml de crème liquide
3 petits piments verts en bocal
5 olives dénoyautées
1 bouquet de fines herbes de printemps
1 gousse d'ail
1 c.c. de moutarde
Poivre

1. Laver les artichauts frais, ôter les tiges, puis couper les extrémités des feuilles avec un ciseau. Faire cuire les artichauts dans une grande quantité d'eau salée avec du jus de citron pendant environ 25 minutes.

2. Entre temps, mélanger le yaourt avec la crème légère et la crème liquide. Émincer les piments, hacher les olives, laver les fines herbes, les égoutter et les hacher également.

3. Éplucher l'ail et le presser. Mélanger le tout avec 1 c.c. de moutarde et assaisonner la sauce avec du sel et du poivre.

4. Égoutter les artichauts. Détacher les feuilles et tremper la partie à chair ferme dans la sauce.

Temps de préparation : 15 minutes
(Temps de cuisson en plus)
Par portion : 322 kcal/1 348 kj
P : 7 g, L : 26 g, G : 12 g

Haricots en grains avec œufs *(en haut)*

Pour 4 personnes

2 échalotes, 4 c.s. d'huile d'olive
750 g de gros haricots en grains verts
200 ml de vin blanc
Sel, poivre, 4 œufs
Tranches de pain de campagne grillées

1. Préchauffer le four à 200 °C. Éplucher les échalotes et les couper en fines rondelles. Faire chauffer l'huile d'olive dans une poêle et y faire revenir les échalotes. Ajouter les gros haricots et les faire également revenir pendant 7 minutes tout en remuant.

2. Verser le vin dans la poêle avec 150 ml d'eau. Assaisonner le tout avec du sel et du poivre, puis faire cuire à couvert pendant environ 10 minutes. Répartir ensuite le mélange de haricots sur 4 coupelles plates allant au four. Casser 1 œuf dans chaque coupelle, saler et poivrer.

3. Faire cuire les haricots avec les œufs dans le four préchauffé pendant environ 6 minutes jusqu'à ce que le blanc d'œuf devienne ferme. Servir immédiatement avec le pain de campagne grillé.

Temps de préparation : 15 minutes
(Temps de cuisson en sus)
Par portion : 320 kcal/1 344 kj
P : 15 g, L : 13 g, G : 29 g

2. Battre les œufs avec le lait, saler et poivrer. Verser ¼ du mélange œufs-lait au-dessus des champignons et faire cuire à température moyenne pendant environ 8 minutes. Recouvrir d'un couvercle au cours des 3 dernières minutes.

3. Garder l'omelette cuite au chaud, puis faire cuire les 3 autres omelettes. Entre temps, laver la ciboulette, l'essuyer et la couper en petites rondelles. Servir les omelettes prêtes avec respectivement 1 c.s. de crème fraîche et ¼ de petites rondelles de ciboulette.

Temps de préparation : 15 minutes
(Temps de cuisson en sus)
Par portion : 272 kcal/1 142 kj
P : 19 g, L : 20 g, G : 3 g

Omelettes aux champignons avec petites rondelles de ciboulette *(à droite)*

Pour 4 personnes

400 g de champignons de Paris
1 c.s. d'huile de colza
1 oignon
1 gousse d'ail
8 œufs
100 ml de lait
Sel, poivre
½ bouquet de ciboulette
4 c.s. de crème fraîche

1. Éplucher les champignons, les frotter avec un chiffon humide, les couper en quatre et les faire dorer dans de l'huile de colza chauffée. Éplucher l'oignon et la gousse d'ail, les hacher et les faire revenir avec les champignons. Prélever ¾ du mélange de la poêle.

Œufs pochés avec épinards et sauce au yaourt *(en bas)*

Pour 4 personnes

350 g d'épinards en branches congelés
Sel
200 g de yaourt nature
150 g de crème épaisse
1 pincée de poudre de piment
1 c.s. de pâte à paprika
8 œufs
3 c.s. de vinaigre
2 à 3 c.s. de beurre aux fines herbes, Poivre
Noix muscade fraîchement râpée

1. Faire dégeler les épinards. Les faire mijoter à feu doux dans une casserole avec un peu de sel pendant environ 6 à 8 minutes. Mélanger le yaourt avec la crème épaisse, la poudre de piment et la pâte à paprika.

2. Casser les œufs individuellement dans une tasse. Les faire ensuite glisser l'un après l'autre dans 500 ml d'eau vinaigrée bouillante. Les faire brièvement cuire, puis leur donner légèrement une forme entre 2 cuillères. Les laisser pocher pendant 2 à 3 minutes jusqu'à ce que le blanc d'œuf ne soit plus transparent.

3. Puis les ôter avec précaution. Faire tourner les épinards dans du beurre chaud aux fines herbes, puis assaisonner avec du poivre et de la noix muscade. Répartir les épinards par portion sur les assiettes. Y déposer 2 œufs pochés par personne et verser ensuite la sauce au yaourt dessus.

Temps de préparation : 25 minutes
(Temps de cuisson en sus)
Par portion : 432 kcal/1 814 kj
P : 20 g, L : 32 g, G : 4 g

Brochettes rapides de légumes

(en haut à gauche)

Pour 4 personnes

1 courgette de taille moyenne
1 poivron rouge
100 g de têtes de champignons roses
2 épis de maïs en boîte
2 oignons moyens
4 c.s. d'huile d'olive
1 c.c. de Worcestershire sauce
1 c.c. de moutarde moyennement forte
1 c.c. de ketchup de tomates
1 c.s. d'herbes de Provence

1. Débarrasser la courgette, le poivron et les champignons des parties indésirables et les laver. Couper la courgette et le maïs en rondelles. Couper le poivron en morceaux. Éplucher les oignons et les couper en quartiers. Alterner les légumes et les champignons sur les brochettes.

2. Mélanger l'huile avec la Worcestershire sauce, la moutarde, le ketchup et les fines herbes et en badigeonner les légumes. Passer ces brochettes de légumes au grill pendant environ 10 minutes tout en les tournant de temps en temps et en les badigeonnant plusieurs fois d'huile aux herbes. Servir avec du riz aux tomates.

Temps de préparation : 25 minutes
Par portion : 209 kcal/878 kj
P : 5 g, L : 13 g, G : 18 g

Fondue de légumes

(en bas)

Pour 4 personnes

400 g de champignons bruns
300 g de radicchio
2 poivrons rouges
2 courgettes
Sel
250 g de beurre
5 gousses d'ail
300 ml d'huile d'olive

1. Éplucher les champignons et les laver. Éplucher le radicchio, le laver et en détacher les feuilles. Équeuter les poivrons, les couper en deux, les épépiner, les laver, puis les couper en morceaux. Équeuter les courgettes, les laver et les couper également en morceaux.

2. Faire blanchir les légumes séparément dans de l'eau légèrement salée pendant environ 4 minutes. Entre temps, faire fondre le beurre dans une casserole. Éplucher les gousses d'ail et les presser au-dessus du beurre. Ajouter l'huile d'olive et remuer à feu doux jusqu'à ce que tous les ingrédients soient liés et forment une sauce crémeuse.

3. Verser la sauce dans une casserole à fondue et maintenir au chaud sur un chauffe-plat. Enfiler les légumes sur des brochettes et plonger brièvement chacune d'elles dans la sauce. Servir avec une baguette et une salade composée.

Temps de préparation : 30 minutes
Par portion : 573 kcal/2 407 kj
P : 6 g, L : 52 g, G : 6 g

Légumes à la poêle
(en bas)

Pour 4 personnes

250 g d'asperges vertes
250 g de carottes
250 g de chou chinois
250 g de pak choi
2 échalotes
5 gousses d'ail
1 morceau de gingembre (3 cm)
3 c.s. d'huile d'arachide
2 c.c. de sel
2 c.c. de sucre
2 c.s. de vin de riz Shaoxing ou du sherry sec en remplacement
3 c.c. d'huile de sésame

1. Laver les asperges, éplucher leur tiers inférieur et ôter leur extrémité dure. Couper la partie restante en morceaux d'environ 3 cm de longueur. Éplucher les carottes et les couper en fines rondelles. Éplucher le chou chinois, le laver, l'égoutter et le couper en tranches d'environ de 4 x 2 cm. Éplucher le pak choi, le laver, l'égoutter et le couper en morceaux de 4 cm de longueur. Éplucher les échalotes et l'ail, puis les hacher grossièrement. Éplucher le gingembre et le hacher finement.

2. Faire chauffer fortement un wok, y verser l'huile d'arachide, puis y faire saisir à feu vif les échalotes, le gingembre, l'ail et le sel pendant environ 1 minute tout en remuant. Puis ajouter les carottes et les asperges et faire cuire également pendant 1 minute tout en tournant. Ajouter ensuite 2 c.s. d'eau, mettre le couvercle et faire cuire pendant encore 2 minutes.

3. Ajouter le chou chinois, le pak choi, le sucre et le vin de riz, faire cuire pendant environ 3 minutes tout en tournant jusqu'à ce que les feuilles s'affaissent. Puis ajouter l'huile de sésame et servir immédiatement.

Temps de préparation : 25 minutes
(Temps de cuisson en sus)
Par portion : 177 kcal/742 kj
P : 8 g, L : 9 g, G : 14 g

Choux-raves farcis
(sans photo)

Pour 4 personnes

4 choux-raves de taille moyenne
500 ml de bouillon de légumes
2 tranches de pain de mie
4 tomates, 30 g d'amandes effilées
125 ml de crème liquide
Sel, poivre
1 noisette de beurre
1 c.s. de chapelure

1. Éplucher les choux-raves et les faire cuire dans le bouillon de légumes pendant environ 10 minutes. Entre temps, ôter la croute du pain de mie et la couper en dés. Laver les tomates, les couper en deux, les épépiner, puis les couper également en dés. Les mélanger avec les amandes effilées et les dés de pain de mie.

2. Ajouter la crème liquide, puis saler et poivrer. Préchauffer le four à 180 °C. Égoutter les choux-raves et découper un « chapeau » à chacun d'entre eux. Creuser l'intérieur des choux-raves en laissant un bord d'environ 1 cm. Couper la chair des choux-raves en dés et la mélanger avec le mélange tomates-crème liquide.

3. Mettre la préparation dans les choux-raves. Répartir dessus le beurre et la chapelure. Faire cuire le tout au four sur la glissière médiane pendant environ 10 minutes.

Temps de préparation : 25 minutes
Par portion : 336 kcal/1 413 kj
P : 8 g, L : 34 g, G : 24 g

Rösti de carottes avec yaourt à la ciboulette *(en haut)*

Pour 4 personnes

500 g de pommes de terre
800 g de carottes
2 bouquets de ciboulette
3 œufs
Sel
Poivre
1 c.c. de curry
Huile pour la cuisson
300 g de yaourt

1. Éplucher et laver les carottes et les pommes de terre, puis les râper grossièrement. Laver et essuyer la ciboulette, puis la couper en petites rondelles. En mélanger la moitié avec les œufs, les pommes de terre et les carottes, puis assaisonner avec sel, poivre et curry.

2. Former de petits rösti et les faire dorer dans la poêle dans de l'huile très chaude. Les faire égoutter sur du papier absorbant, puis les tenir au chaud. Mélanger le yaourt avec le reste de ciboulette et assaisonner. Servir avec les rösti aux carottes.

Temps de préparation : 20 minutes
(Temps de cuisson en sus)
Par portion : 354 kcal/1 483 kj
P : 13 g, L : 16 g, G : 28 g

Chou rouge aux noisettes *(en bas)*

Pour 4 personnes

700 g de feuilles de chou rouge
2 noisettes de beurre
3 c.s. de farine d'épeautre
500 ml de bouillon de légumes
Sel
Poivre
1 c.c. de jus de citron
2 c.s. de noisettes hachées
100 g de crème fraîche

1. Éplucher les feuilles de chou rouge en ôtant les parties dures centrales, les laver et les râper en fines lamelles. Faire chauffer le beurre et faire un roux avec la farine d'épeautre ; puis ajouter le bouillon de légumes et assaisonner avec le sel, le poivre et le jus de citron.

2. Faire chauffer les lamelles de chou rouge pendant 5 minutes dans la sauce. Faire griller les noisettes hachées dans une poêle sans graisse. Incorporer la crème fraîche au chou rouge. Saupoudrer les noisettes grillées sur la préparation et servir.

Temps de préparation : 20 minutes
Par portion : 175 kcal/733 kj
P : 4 g, L : 12 g, G : 10 g

Beignets de chou-fleur et de potiron *(en haut)*

Pour 4 personnes

300 g de chou-fleur
300 g de potiron
Sel
Poivre
Jus de citron
4 œufs
100 g de farine de blé complète
Chapelure
100 ml d'huile

1. Éplucher et laver le chou-fleur. Éplucher le potiron et couper les deux légumes en morceaux d'1 cm d'épaisseur. Faire blanchir pendant environ 1 minute dans de l'eau salée. Extraire ensuite les légumes, les égoutter, les saler et les poivrer, puis verser dessus du jus de citron.

2. Battre les œufs. Tourner ensuite les morceaux de légumes dans de la farine, des œufs et de la chapelure pour qu'ils en soient bien imbibés. Faire chauffer l'huile et faire dorer les légumes des deux côtés. Servir avec du fromage blanc aux fines herbes.

Temps de préparation : 25 minutes
Par portion : 590 kcal/2 478 kj
P : 21 g, L : 22 g, G : 77 g

Champignons aux pignons *(en bas)*

Pour 4 personnes

700 g de gros champignons bruns
2 oignons
Huile d'olive pour la cuisson
Sel
Poivre
60 g de pignons de pin
50 ml de sherry sec
2 c.s. de persil fraîchement haché

1. Éplucher les champignons, les brosser et les émincer. Éplucher les oignons et les couper en rondelles.

2. Faire chauffer un peu d'huile dans une poêle et y faire revenir les oignons tout en tournant. Lorsque les oignons sont dorés, ajouter les champignons et les faire cuire pendant environ 8 à 10 minutes. Puis saler et poivrer.

3. Faire griller les pignons dans une seconde poêle sans graisse tout en tournant constamment. Les ajouter ensuite aux champignons et les mélanger. Verser le sherry et l'incorporer à la préparation. Saupoudrer les champignons de persil et servir.

Temps de préparation : 15 minutes
(Temps de cuisson en sus)
Par portion : 137 kcal/573 kj
P : 9 g, L : 9 g, G : 4 g

Légumes au grill avec mozzarella (à droite)

Pour 4 personnes

250 g de mozzarella
400 g de courgettes
300 g de tomates cerises
2 brins de romarin
2 c.s. d'herbes de Provence
6 c.s. d'huile d'olive
Sel, poivre

1. Égoutter la mozzarella et la couper en 8 tranches. Équeuter les courgettes, les laver et les couper en rondelles d'1 cm d'épaisseur. Laver et essuyer les tomates cerises, puis les couper en deux.

2. Laver et égoutter le romarin, en détacher les aiguilles, puis les hacher. Mélanger les herbes de Provence avec l'huile d'olive, le sel et le poivre.

3. Couper 8 bandes dans la feuille d'alu (d'environ 20 cm de large) et leur donner la forme d'un nid. Y déposer les légumes et le romarin, puis recouvrir chaque nid d'1 rondelle de mozzarella.

4. Verser quelques gouttes d'huile aux fines herbes. Fermer le haut de ces petits paquets et les faire cuire pendant environ 10 minutes sur le grill préchauffé. Servir une salsa épicée aux tomates en accompagnement.

Temps de préparation : 20 minutes
(Temps de passage au grill en sus)
Par portion : 257 kcal/1 079 kj
P : 19 g, L : 17 g, G : 5 g

Endives aux anchois

(en bas)

Pour 4 personnes

2 endives
Sel
1 gousse d'ail
Huile d'olive pour la cuisson
2 à 3 filets d'anchois
Poivre
2 c.s. de menthe finement hachée

1. Éplucher les endives, les laver et les faire cuire *al dente* pendant environ 10 minutes dans de l'eau salée. Les retirer, les égoutter, les couper en deux dans le sens de la longueur, puis les laisser refroidir.

2. Éplucher la gousse d'ail et le hacher très finement. Faire chauffer un peu d'huile d'olive dans une poêle et y faire revenir l'ail pendant environ 1 minute.

3. Rincer les anchois, les égoutter et les réduire en purée fine. Verser l'ail dans la poêle et l'incorporer. Ajouter la moitié des endives et les faire cuire dans le mélange pendant environ 5 minutes. Saler et poivrer. Dresser les endives dans la sauce, saupoudrer de menthe et servir.

Temps de préparation : 15 minutes
(Temps de cuisson en sus)
Par portion : 38 kcal/158 kj
P : 6 g, L : 1 g, G : 1 g

Choux-raves à la poêle *(en haut à droite)*

Pour 4 personnes

1 kg de gros choux-raves
Sel
1 bouquet de persil
1 bouquet de basilic
50 g d'amandes moulues
8 c.s. d'huile
Un peu de poivre
1 bouquet de ciboulette
2 c.s. de chapelure
75 g de fromage râpé
1 œuf
2 c.s. de farine
Beurre ou margarine
pour la cuisson

1. Éplucher les choux-raves et les couper en tranches d'1 cm d'épaisseur. Les verser dans de l'eau salée bouillante et les y faire cuire pendant 8 à 10 minutes. Les égoutter ensuite.

2. Laver, essuyer et hacher finement les fines herbes pour la pâte à fines herbes. Les mélanger ensuite avec les amandes et l'huile. Assaisonner la pâte avec du sel et un peu de poivre.

3. Laver et essuyer la ciboulette, puis la couper en petites rondelles. La mélanger avec la chapelure et le fromage râpé, puis casser l'œuf.

4. Tourner les rondelles de choux-raves successivement dans la farine, l'œuf et le mélange de fromage. Les faire ensuite dorer des deux côtés dans de la graisse très chaude pendant 2 à 3 minutes. Servir les rondelles de choux-raves avec la pâte à fines herbes.

Temps de préparation : 20 minutes
Par portion : 455 kcal/1 911kj
P : 9 g, L : 21 g, G : 56 g

Omelettes au fromage à la provençale *(en bas)*

Pour 4 personnes

12 œufs
250 ml d'eau minérale
2 c.s. d'herbes de Provence finement hachées, par ex. estragon, marjolaine, thym
150 g de fromage à pâte dure râpé
Sel
Poivre
5 c.s. d'huile d'arachide
3 demi-poivrons (vert, jaune, rouge)
½ aubergine
½ courgette
2 tomates
1 oignon
1 gousse d'ail
½ bouquet de cresson de fontaine

1. Casser les œufs et les mélanger avec de l'eau minérale, des fines herbes et du fromage. Saler et poivrer. Faire chauffer 1 c.s. d'huile pour chaque fine omelette réalisée à partir de la préparation aux œufs.

2. Éplucher les légumes, les laver, puis les couper en dés fins. Les faire revenir dans une poêle avec 1 c.s. d'huile, les assaisonner puis en verser sur chaque moitié d'omelette. Rabattre ensuite la seconde moitié. Laver le cresson et l'essuyer. En garnir les omelettes et servir.

Temps de préparation : 30 minutes
Par portion : 681 kcal/2 862 kj
P : 38 g, L : 52 g, G : 8 g

Flamenquines avec carottes *(à droite)*

Pour 4 personnes

8 fines carottes
Sel
8 tranches de jambon cuit
8 minces tranches de
manchego jeune
2 c.s. de persil haché
2 œufs
Chapelure
Huile pour la friture

1. Éplucher les carottes et les faire cuire à l'étuvée dans de l'eau salée pendant environ 5 à 8 minutes. Les retirer et les égoutter.

2. Recouvrir chaque tranche de jambon d'une tranche de fromage. Déposer les carottes et les saupoudrer de persil. Bien enrouler le tout et couper en petits morceaux.

3. Battre les œufs, faire tourner les petites rondelles tout d'abord dans l'œuf, puis dans la chapelure. Faire chauffer l'huile, y faire dorer les petits roulades par portion, le fromage devant fondre. Puis les retirer, les égoutter et les servir chauds sur une petite brochette en bois.

Temps de préparation : 10 minutes
(Temps de cuisson en sus)
Par portion : 96 kcal/401 kj
P : 10 g, L : 5 g, G : 3 g

Fenouils frits *(à gauche)*

Pour 4 personnes

2 fenouils
4 c.s. d'huile d'olive
4 c.s. de jus de limette
2 c.c. de miel
Sel
Poivre

1 pincée de cumin
400 g de carottes
1 grenade

1. Éplucher les fenouils, les couper en deux, en ôter la partie dure et couper les fenouils en fines tranches dans le sens de la longueur. Mélanger 2 c.s. d'huile d'olive avec le jus de limette, le miel et les épices.

2. Faire chauffer le reste d'huile et y faire revenir les fenouils jusqu'à ce qu'ils prennent des couleurs. Les dresser sur une assiette préchauffée et verser quelques gouttes de marinade de limette.

3. Éplucher les carottes et les râper, les mélanger avec le reste de marinade. Les présenter sur les tranches de fenouils. Ouvrir la grenade, dégager les pépins e les répartir sur la préparation de fenouils-carottes.

Temps de préparation : 20 minutes
(Temps de cuisson en sus)
Par portion : 112 kcal/469 kj
P : 3 g, L : 5 g, G : 11 g

Poêlée d'aubergines à la noix de coco avec curry (à gauche)

Pour 4 personnes

100 g d'aubergines vertes
200 g d'aubergines foncées
100 g de courgette jaune
2 poireaux
2 piments rouges
200 ml de lait à la noix de coco
1 c.s. de pâte de curry
14 feuilles de bourrache
3 c.s. de coriandre haché
3 c.s. de persil haché
Sel
Poivre
Sauce de soja claire

1. Équeuter et laver les aubergines, puis les émincer. Équeuter la courgette, la laver et la couper en rondelles. Éplucher les poireaux, les laver et les couper en rondelles. Équeuter les piments, les épépiner, les laver et les hacher finement.

2. Porter à ébullition le lait de coco et la pâte jaune de curry dans une casserole. Verser les légumes dans la casserole et les faire cuire pendant environ 2 minutes.

3. Laver et égoutter les feuilles de bourrache, puis les hacher et les ajouter avec du coriandre et du persil. Assaisonner le tout avec du sel, du poivre et de la sauce de soja claire. Du riz basmati conviendra très bien en accompagnement.

Temps de préparation : 10 minutes
(Temps de cuisson en sus)
Pro Portion : 173 kcal/724 kj
P : 7 g, L : 11 g, G : 9 g

Cœurs d'artichauts avec sauce tomate

(en haut)

Pour 4 personnes

800 g de tomates
3 c.s. d'huile d'olive
1 gousse d'ail
4 c.s. de concentré de tomates
Sel, poivre
16 cœurs d'artichauts en bocal
1 c.s. de cerfeuil fraîchement haché

1. Laver les tomates, les inciser en croix, les équeuter, les ébouillanter, les peler, les épépiner et couper leur chair en dés.

2. Faire chauffer l'huile dans une casserole. Éplucher la gousse d'ail, la hacher finement et la faire revenir dans de l'huile très chaude. Ajouter les dés de tomates et les écraser. Incorporer le concentré de tomates, puis saler et poivrer.

3. Égoutter les cœurs d'artichauts, les mettre dans la sauce tomate et faire mijoter à couvert pendant environ 10 minutes. Laisser réduire la sauce pour obtenir une consistance velouteuse, saupoudrer de cerfeuil et servir avec des petits pains complets frais.

Temps de préparation : 20 minutes
(Temps de cuisson en sus)
Par portion : 84 kcal/353 kj
P : 3 g, L : 4 g, G : 7 g

Poêlée de haricots avec champignons

(en bas à droite)

Pour 4 personnes

500 g de haricots princesse
Sel
1 oignon
75 g de lard maigre
1 noisette de beurre
250 g de pleurotes
350 g de tomates
Poivre
1 c.s. de persil haché
1 c.s. de livèche hachée

1. Éplucher et laver les haricots princesse, puis les faire cuire dans de l'eau bouillante salée pendant 15 minutes. Éplucher l'oignon et le hacher, couper le lard maigre en lamelles.

2. Faire chauffer le beurre, puis y faire revenir l'oignon et le lard. Éplucher les pleurotes, les laver, les émincer, puis les ajouter et les faire également revenir.

3. Égoutter les haricots. Laver les tomates, les équeuter, couper la chair en dés, l'ajouter et faire mijoter le tout à couvert pendant 5 minutes.

4. Saler et poivrer. Saupoudrer avec des fines herbes hachées et servir.

Temps de préparation : 15 minutes
(Temps de cuisson en sus)
Par portion : 109 kcal/456 kj
P : 9 g, L : 4 g, G : 8 g

Beignets de romanesco et brocoli au fromage *(à droite)*

Pour 4 personnes

200 g de romanesco
200 g de brocoli
Sel
100 g de farine
2 œufs
3 c.s. de vin blanc
3 c.s. de persil haché
3 c.s. d'emmenthal râpé
2 c.s. de graines de sésame
Poivre
500 ml d'huile à friture

1. Détailler le chou romanesco et le brocoli en bouquets, puis les faire cuire dans de l'eau salée bouillante pendant environ 2 minutes. Jeter ensuite l'eau et égoutter les légumes.

2. Faire une pâte avec la farine, les œufs et le vin blanc, puis y ajouter le persil haché, l'emmental râpé, les graines de sésame, le sel et le poivre.

3. Faire chauffer l'huile de friture dans le wok. Plonger les légumes par portion dans la pâte, puis les faire cuire dans l'huile très chaude pour qu'ils soient croustillants. Les extraire ensuite et les égoutter. Ce plat peut servir d'entrée ou d'accompagnement pour une viande grillée ou un poisson.

Temps de préparation : 15 minutes
(Temps de cuisson en sus)
Par portion : 315 kcal/1 319 kj
P : 12 g, L : 19 g, G : 21 g

Index des recettes

Recettes express avec pâtes

Asperges sur pappardelles 61

Cannellonis façon jardinière 54
Conchiglies avec sauce aux légumes 8
Coquilles farcies 48

Farfalles aux boulettes et à la sauce au fromage 30
Farfalles aux cèpes 5
Filets de canard au marsala 49
Foies de volaille avec pennes 36

Gratin de pâtes aux courgettes 19
Gratin de spaghettinis aux poivrons 24
Gratin de tortellinis aux légumes 8

Linguines aux lentilles 11
Linguines avec crème au brocoli et aux pistaches 22

Macaronis à la sauce au gorgonzola 34
Macaronis à la sauce aux chanterelles 36
Macaronis à la sicilienne et au piment 50
Macaronis avec pâte d'olives 12
Macaronis avec sauce à l'artichaut 23
Macaronis Diabolo 31
Mie Goreng aux crevettes 21

Nids de pâtes croustillants 10

Orecchiettes avec gros haricots 57
Orecchiettes avec sauce aux oignons 26

Pappardelles à la sauce de foie de volaille 10
Pappardelles aux cœurs d'artichauts 32
Pâtes à la mexicaine 16
Pâtes à la sauce au citron 40
Pâtes à la sauce aux champignons 56
Pâtes à la sauge 57
Pâtes al Burro 27
Pâtes au brocoli 59
Pâtes au curry 56
Pâtes au parmesan et beurre brun 13
Pâtes aux asperges 6
Pâtes aux crevettes avec sauce à l'orange 32
Pâtes aux crevettes et au poivron 23
Pâtes aux épinards et au gorgonzola 31
Pâtes avec chou-rave et pesto 61
Pâtes avec crème aux chanterelles 49
Pâtes avec farce 45
Pâtes avec filet de bœuf et sauce au mascarpone 38
Pâtes avec ragoût de poulet et poivrons 15
Pâtes avec sardines 48
Pâtes avec sauce aux champignons et aux poireaux 44
Pâtes avec saumon et roquette 39
Pâtes avec tomates et saumon 60
Pâtes Funghi 47
Pâtes plates à la crème de poireaux 35
Pâtes Teriyaki 62
Pâtes vertes à la sauce aux champignons 60
Pâtes vertes à la sauge et aux tomates 9
Pâtes vertes avec émincé d'agneau 18
Pâtes vertes avec jambon de Parme et sauce au fromage et au céleri 55
Pâtes vertes avec sauce piquante à la tomate 25
Pennes à la sauce aigre-douce 12
Pennes à la sauce pizza 19
Pennes all'arrabbiata 46
Pennes aux anchois 63
Pennes aux asperges sauvages 38
Pennes aux asperges vertes 21
Pennes aux aubergines et au ricotta 42
Pennes aux écrevisses 24
Pennes aux scampi 34
Pennes avec crème au fenouil 51
Pennes avec poivrons jaunes, câpres et anchois 29
Pennes avec sauce au thon et à la tomate 58
Pennes avec sauce aux légumes de printemps 52
Pennes avec viande hachée aux aubergines 43

Raviolis aux épinards avec beurre à la sauge 15
Rigatonis à la sauce au sanglier 17

Spaetzle avec boulettes de viande hachée 40
Spaghettis à la sauce au fromage 14
Spaghettis aglio e olio 63
Spaghettis au pesto de cresson 5
Spaghettis au saumon et à la sauce au citron 30
Spaghettis aux aubergines et aux tomates 35
Spaghettis aux crevettes et aux poivrons 50
Spaghettis aux légumes 20
Spaghettis aux pleurotes fraîches 37
Spaghettis aux poivrons, tomates et gorgonzola 41
Spaghettis avec pesto 47
Spaghettis avec pesto aux tomates 54
Spaghettis avec pesto et filet de poisson fin 44
Spaghettis carbonara 43
Spaghettinis à la sauce au potiron 7
Spaghettinis à la sauce aux morilles 33
Spaghettinis à la sauce aux shiitake 58
Spaghettinis aux épinards 26
Spaghettinis avec boulettes en sauce 28
Spaghettinis avec sauce au fromage et aux légumes 39

Tagliatelles à la sauce au paprika et aux calamars 28
Tagliatelles au jambon de Parme et au parmesan 1 6
Tagliatelles avec pesto au persil et aux amandes 27
Tagliatelles avec sauce au brocoli et au fromage frais 42
Tagliatelles avec saumon fumé 52
Tortellinis à la sauce au fromage 53
Tortellinis au fromage avec antipasti 7

Vermicelles à la sauce au safran 20

Recettes express avec légumes

Artichauts à la poêle 72
Artichauts avec sauce aux fines herbes 112
Artichauts farcis au thon 81
Asperges sauvages à l'andalouse 109
Aubergines à la sauce au yaourt 67

Beignets de chou-fleur et de potiron 118
Beignets de romanesco et brocoli au fromage 125
Boulettes de petits pois 100
Brochettes rapides de légumes 115
Brocoli à l'ail 88

Canapés à la tomate et aux fines herbes 96
Carottes à la moutarde au romarin 83
Champignons aux pignons 118
Chou blanc africain (chakalaka) 85
Chou blanc épicé et son mélange de légumes 71
Chou pointu avec sauce au yaourt et au citron 65
Chou pointu doux-amer 98
Chou rouge aux noisettes 117
Chou-fleur épicé avec pignons 72
Choux-raves à la poêle 120
Choux-raves farcis 116
Choux-raves farcis au tofu 102
Cœurs d'artichauts avec sauce tomate 124
Concombre de Sichuan 96
Concombres à l'étuvée 81
Concombres au piment 68
Concombres braisés au lard 74
Courgettes au fromage de brebis 91
Courgettes aux tomates et au basilic 67
Curry aux aubergines et aux œufs 69
Curry léger aux légumes 94

Endives aux anchois 120

Fenouils avec vinaigrette aux olives 77
Fenouils frits 122
Figues grillées au fromage de chèvre 102
Flamenquines avec carottes 122
Fleurs de courgettes 70
Fondue de légumes 115
Friture de carottes et courgettes 73

Galettes de chou-rave 94
Galettes de courgettes avec sauce au lassi 95
Galettes de légumes avec fromage blanc aux herbes 86
Galettes de patates douces 88
Galettes de pommes de terre 93
Galettes de pommes de terre aux fines herbes 111
Germes aux oranges 75
Gratin de concombres 108
Gratin de poireaux au lard 76
Gratin de pommes de terre 80
Gratin de tomates au fromage de brebis 104
Gratin endives-jambon au vin blanc 105

Haricots en grains avec œufs 112
Haricots verts au riz et au paprika 93

Légumes à la poêle 116
Légumes asiatiques 100
Légumes au grill avec mozzarella 119
Légumes avec sauce à l'ail 108
Lentilles du Puy aux herbes 79

Œufs à la mexicaine 83
Œufs brouillés aux champignons 84
Œufs pochés avec épinards et sauce au yaourt 114
Omelette avec tomates et fromage de brebis 75
Omelette de champignons à la crème 68
Omelette tex-mex 99
Omelettes au fromage à la provençale 121
Omelettes aux champignons avec petites rondelles de ciboulette 113

Pak choi frit 86
Pâtés espagnols 87
Pâtes froides au sésame 92
Pâtes muscadées aux pommes de terre 111
Petits gâteaux de courgettes avec fromage de brebis 98
Pilaw aux fruits et aux ciboules 107
Pleurotes à l'ail 106
Poêlée d'aubergines à la noix de coco avec curry 123
Poêlée de courgettes aux tomates 106
Poêlée de haricots avec champignons 124
Poêlée de légumes 104
Poêlée de légumes avec riz 74
Poêlée de poivrons au gingembre et aux pois gourmands 80
Poêlée rustique de champignons 92
Pois chiches à la poêle 65
Pommes de terre sautées au persil 90
Potiron aux pommes et au miel 84
Purée de pommes de terre classique 101

Quesadilla 110

Ragoût d'asperges et de champignons 70
Ragoût de champignons avec crème aux fines herbes 76
Ragoût exotique aux courgettes 89
Ratatouille avec ananas et physalis 99
Risotto au potiron avec sauge 82
Risotto de légumes au vin blanc 103
Riz aux légumes avec feuilles de vigne et fromage de brebis 105
Riz basmati aux fruits 78
Rösti de carottes avec yaourt à la ciboulette 117
Roulades de chou frisé à la sauce tomate 90
Roulés d'endives et sauce fromage-orange 78

Tartelettes aux œufs et aux fines herbes 66
Tortilla classique 110
Tortillas avec œufs et salsa piquante 97

Vermicelles de riz aux poireaux 87